alibi

ici *l'Ailleurs*
collection dirigée par Aline Apostolska

Christiane Duchesne, *Le Premier Ciel*
Naïm Kattan, *Les Villes de naissance*

pierre samson

alibi

LEMÉAC

Données de catalogage avant publication

Samson, Pierre, 1958-

    Alibi

    (Ici l'ailleurs)

    ISBN 2-7609-6500-7

    I. Samson, Pierre, 1958- . II. Titre. III. Collection.

PS8587.A361Z53 2001   C843'.54   C00-942286-2
PS9587.A361Z53 2001
PQ3919.2.S25Z47 2001

Illustration de couverture : Atha, *L'Agora*, 2000

L'auteur tient à remercier le Conseil des arts du Canada et l'Université du Québec à Montréal pour leur appui au programme d'écrivain en résidence.

Leméac Éditeur remercie le ministère du Patrimoine canadien, le Conseil des arts du Canada, la Société du développement des entreprises culturelles du Québec (SODEC) et le Programme de crédit d'impôt du Gouvernement du Québec du soutien accordé à son programme de publication.

ISBN 2-7609-6500-7

© Copyright Ottawa 2000 par Leméac Éditeur inc.
1124, rue Marie-Anne Est, Montréal (Québec) H2J 2B7
Dépôt légal – Bibliothèque nationale du Québec,
3ᵉ trimestre 2000

Imprimé au Canada

l'art de la mise en garde

Je ne suis pas abonné aux rédactions d'essais. Au fil des années, comme toute créature humaine dotée d'un minimum de jugeote, j'ai élaboré une suite de théories, de principes, de règles, embrassant et régissant, entre autres, mon univers intellectuel, aussi limité ou étendu soit-il. Ces prescriptions étaient vouées au secret, à l'intimité, et c'est avec l'impression de violer un pacte intime que j'en dévoile ici les pans. Mais il y a plus. Il y a pire. Il s'agit de la sombre crainte, déguisée en honte, de faire la lumière – première antilogie – sur mes sources de soi-disant inspiration. Hélas, ce réservoir recueille une eau opaque que seul l'œil curieux d'un amant de la littérature et du roman parvient à percer. Aussi, quelques mises en garde s'imposent.

Ce texte se veut un réquisitoire. En effet, en ce qui me concerne, l'approfondissement d'une théorie littéraire chez le romancier que je suis se fait pendant la rédaction d'un ouvrage de fiction. Dès que je m'éloigne de mes univers fantasmatiques, que je ne poursuis pas un quelconque fantôme fictionnel, ma relation avec l'écriture devient étonnamment émotive, voire irraisonnée. L'intransigeance dont je suis capable – et, croyez-moi, je ne manque pas de volonté dans le domaine non plus – ma tendance à considérer comme strictement mien l'univers de la littérature, sans oublier ma frustration devant l'étrange indifférence du grand public pour mon génie – tout écrivain qui se respecte se *sait* nobélisable ou joue la comédie au point de se tromper lui-même – me pousseront sans doute à avancer des grossièretés et à me couvrir de ridicule. Soit. Un artiste qui craint pour sa réputation ferait mieux de se taire. Mais je tremble tout de même en me remémorant certaines lignes commises plus loin, notamment celles portant sur la poésie, le roman et la nouvelle.

Le seul diplôme qui leste mon bureau date de 1975, année de mes adieux à l'école secondaire. J'ai bien hanté les locaux de l'UQAM sans m'y sentir chez moi : mon désir de m'approprier l'acte de créer par l'écriture me procurait une allergie irrépressible à l'acharnement théorique. Décortiquer la bête littéraire et m'atteler à la composition d'un roman revenait au même, à mon avis, que baiser avec le cliché radiographique d'un partenaire. Donc oubliez, comme je les ai négligés et oubliés le plus rapidement possible, Saussure et compagnie. Il s'agit ici d'un regard sur l'écriture, purement subjectif. Autrement dit, je me balance complètement de la théorie littéraire sauf si elle me fait sourire, ce qui n'est pas fréquent tant certains cerveaux, fort puissants je n'en doute aucunement, prennent la chose au sérieux.

Toutefois, à ceux qui s'attendent à un ouvrage dépeignant la littérature sous un jour pastel ou rose, qui brûlent de fusionner, le temps d'une lecture, avec un ange emplumé, torturé par la rage de créer et de donner ; à ceux désireux de s'abandonner au doux susurrement d'un être généreux, tremblant dans sa fièvre de plaire et de séduire, pétri de bonnes intentions, impatient de dévoiler le plus celé de ses mystères, de ses secrets ; à ceux qui chérissent la gratitude indubitable de l'auteur lu ou possiblement célébré, qui courent les foires du livre et les séances de signature, qui glissent un doigt attendri sur une dédicace, qui soupirent devant leur écran de télé, séduits par le sourire angélique de tel auteur ou émus par ses doléances, à tous ceux-là je dis : mettez tout de suite ce livre de côté. Si vous l'avez déjà payé, exigez illico un remboursement ou une remise sur un achat ultérieur.

L'écrivain est un salaud. Je suis un écrivain.

Les minaudiers qui vous intéressent, je n'en fais pas partie. J'ai d'autres défauts et pires faiblesses, mais pas celui-là : je ne cherche pas à plaire. J'ai fait mon deuil des succès en librairie. Je ne me démène pas pour collectionner les appels des recherchistes de la télévision. Je tenterai de résister aux tentations que sont ces spectacles littéraires qui, petit à petit, rasent les frontières du ridicule et franchissent celles du mépris des lecteurs à qui l'on doit désormais, semble-t-on dire, faire la lecture. Et pour sceller mon sort, j'adopterai une posture intellectuelle, même si elle paraît au-dessus de mes forces, et je m'adresserai au lecteur en égal, sans fard ni ménagement.

J'ajoute que je rédige cet *essai* à contre-cœur. Je maudis celui qui a accepté à ma place de l'écrire, c'est-à-dire Samson « à la ville », au nom d'une jeune amitié avec la directrice de cette collection, Aline Apostolska. Sachez que j'estime cet exercice vain, ridicule puisque mensonger. Il alloue une pratique hérétique en littérature moderne, vivante et contemporaine : il donne chair et sang à l'acte d'écrire en offrant une tribune à celui qui tape sur le clavier. Il inhibe, chez les paresseux, l'exercice de lecture profonde d'œuvres, mineures ou importantes ce n'est pas à moi de le décider. D'ailleurs, je vous interdis de lire ce qui suit si vous n'avez pas pris connaissance de mes romans. À moi, on ne me la fait pas, cette blague, cette manie de vouloir aller droit à l'essence sans se salir les mains.

Écrire est un acte de colère. Sinon, c'est du petit point.

Comment qualifier autrement ce que je considère comme un pronunciamiento contre l'état des choses ? Il s'agit de renverser l'inéluctable réalité, d'un putsch contre les jours tranquilles. J'utilise à mon escient ces termes militaires pour exprimer la charge violente contenue dans l'écriture. J'ai pris le parti de la révolte et de l'insoumission, j'ai tourné le dos à l'écriture conciliatrice et au baume littéraire. Et dans le but de saccager encore plus efficacement notre dortoir, je le ferai en usant de manœuvres subreptices, en faisant preuve de fourberie : je revêtirai le masque du séducteur, je vous instillerai mon venin entre deux roucoulements, la trame romanesque ne sera pas la chausse-trappe mais l'appât. J'aurai recours à des termes obscurs, à des formules inhabituelles ou surannées (*pronunciamiento* et *à mon escient,* par exemple) qui vous déstabilisent, chers lecteurs, court-circuitent votre réseau d'attentes et de divinations, votre faculté – en fait : votre habitude – d'appréhender la suite d'un texte. Derrière les mots, je me terre, je vous guette et, si je suis digne d'être écrivain, je fonds sur vous et déchire vos habits de certitudes. Si je m'obstine à récidiver, je devrai faire preuve d'ingéniosité dans la perpétration des crimes. Si – joie entre toutes – on m'accusait un jour de dépraver le lecteur et l'ordre des choses, je ferai face à mes accusateurs, j'aurai le toupet de leur lancer à la figure :

— Ce n'est pas moi, mais la lecture qu'on a faite de mes œuvres. Et moi, pendant qu'on me lisait, j'étais ailleurs.

C'est ce qu'on appelle se forger un alibi.

Ceux qui lisent ces lignes savent que j'ai commis une trilogie brésilienne. Cette appellation (pour dire vrai, il s'agissait à l'origine d'un triptyque, métamorphosé depuis en *cycle,* passage que j'approuve d'une image passive à un terme plus *actif*) est née de ce que je considérais comme un coup de génie : histoire de blinder ma demande de subvention auprès d'un conseil des arts, j'ai imaginé que, culpabilité traditionnelle des *Canadiens français* aidant, on me refuserait

plus difficilement la manne gouvernemen-
tale si un verdict défavorable sonnait le glas
d'un *work in progress*. D'ailleurs, j'ai gagné
mon pari. Comme la nitroglycérine, il faut
savoir manier avec doigté la rectitude politique, peu importe son contenant. Je ne dis
pas que c'est la seule raison derrière les
encouragements de mes collègues jurés :
disons que le stratagème n'a pas nui.

Or, tout se paie, dit-on : cette brillante
idée m'a valu une même question poussée
ad nauseam sur une multitude de registres :
Pierre Samson, le Brésil, pourquoi ? Vous
noterez l'absence de verbe. Au début, trop
flatté de l'attention qu'on me portait, je dé-
clinais la liste des (mêmes) détails de ma vie
privée. Quand on aime un Brésilien, vous
comprenez... C'était, bien entendu, un grossier mensonge. J'ânonnais ce qu'on crevait
de vouloir entendre, c'est-à-dire qu'au levant
de cet acte artistique, comme tous les actes
artistiques, brillaient les feux d'un « vécu »
immédiat. Que mon unique source d'inspiration, puisqu'il ne peut y en avoir qu'une,
est ma rencontre avec Jadson Caldeira. Au
Québec médiatique, l'acte artistique qui
revendique une source intellectuelle est
condamné à un embaumement précoce.

Au fil des trois romans, mon enthou-
siasme pour le bavardage autobiographique
pâlissait à un point tel que, vlan !, j'ai

craqué : j'en avais assez, lançai-je à Radio-Canada, qu'on me pose la version ethnocentriste de l'autre question : Pierre Samson, un roman québécois, quand ? Comment s'en étonner en admirant quelle engeance tient les rênes des médias électroniques ? Comment une institution qui s'emploie désormais avec zèle à bétonner l'assoupissement intellectuel de son « peu-blic » permettrait-elle à ses *artisans*, prisonniers de la lénifiante réconciliation du peuple avec lui-même, de tirer des liens entre des romans exposant une communauté frileuse, amnésique et escroquée et une société qui accumule des galas *autocongratulatoires*, passez-moi l'anglicisme ? La tordeuse des ondes opère des ravages. (TORDEUSE : (1803) Chenille de divers papillons qui attaque les végétaux et roule les feuilles en cornet pour s'isoler dans un étui protecteur. *Le Robert,* 1994.)

Donc, avec ce qui pollue les ondes, dans certains journaux et aux salons du livre, comment se surprendre devant de telles inanités : J'écris sur ailleurs, quand reviendrai-je à la maison ? Réponse : Jamais ! Pas parce que je suis allergique au Québec, n'en déplaise aux inénarrables braillards enflanellés qui cultivent et engraissent notre traditionnel, notre adolescent délire de persécution, ni parce que je destine ma tendre prose à un public plus *international*, comme me l'a *reproché* une imbécile sur sa page Internet domiciliée à l'Université Laval. La raison, la seule : je suis romancier. Donc, forcément, ailleurs. Je me fais plus précis : je serai en mouvement incessant, toujours préoccupé à me retrouver là où on ne m'attend pas – et ici *on* inclut celui qui écrit. Mais en même temps, cette fuite, ce louvoiement, doivent rester ingénus, involontaires, instinctifs, anarchiques même, c'est-à-dire parfaitement intégrés à la mission de romancier. Et puis, j'écris en même temps sur le Québec. Je n'ai pas autant choisi le Brésil que la fuite et le détachement, le salutaire largage des amarres. En m'attaquant à un territoire vierge, j'avais soudainement les coudées franches pour exprimer ma rage et mon dégoût face à certaines vicissitudes de notre société. Dans *Le Messie de Belém*, je dénonce l'obsession qui nous taraude de forger des modèles herculéens, aussi médiocres soient-ils ; *Un garçon de compagnie* critique notre soumission aux règles catholico-capitalistes de supposée liberté individuelle, surtout celle d'exploiter sans vergogne son prochain ; *Il était une fois une ville* perce à jour notre schizophrénie nationale née d'une amnésie historique fièrement assumée et de notre présumée fierté nationale (fierté de quoi, on ne sait trop, disons : d'être platement là avec Hydro-Québec pour nous saigner à blanc).

De plus, il faut cultiver un mépris éhonté pour oser proférer, par exemple, qu'un auteur québécois parle du Brésil à la fois enchanteur et misérable ou, comme le serine tout ce qui s'approche du magazine à la petite semaine, qu'il nous chante le pays de Jorge Amado, enfant chéri des petits intellos français et écrivain plutôt raseur à mon avis. Ce qui prouve que du sang colonialiste coule encore, bien rouge et oxygéné, dans les veines gauloises. Ici, et là-bas, sévit ce besoin de croire, chez les analystes culturels, que l'acte d'écrire traduit une affection, une passion, une ouverture à l'endroit d'une personne, d'un pays, d'un objet. Il semble que le monde de l'art, et son interprétation, soient entre les mains de bourgeois, véritables ou aspirant à l'être. Oui, bourgeois. Un terme dépassé, nous crient les téléjournaux, parce qu'interdit, surtout ici où nous nous targuons d'être plus égalitaires que nos vis-à-vis... hexagonaux. Pourtant, le regard bourgeois – et, celui aspirant à l'être, plus zélé, plus désespéré que son modèle – pollue le paysage artistique de ses nuages roses et pastel. Il nous vaut une recherche effrénée jusqu'à la vulgarité du beau à tout prix et de l'utile, ne reculant devant rien, même, surtout, l'édifiant. Or, le roman, comme l'art, est inutile, voilà le grand paradoxe. Dès qu'on lui greffe une mission, il perd sa nécessité. S'il se cache une utilité quelconque au pays de la littérature, elle se trouve du côté de la lecture. Mais le bourgeois, ou celui aspirant à l'être, ne peut accepter qu'un produit soit un fruit non comestible, voire vénéneux. Car accepter que l'inutile trace les frontières de l'Art, [c'est-à-dire l'art bourgeois, Shangri-la, Utopie des esprits épais qui ne peuvent se résoudre à ne pas comprendre ce qui est, par essence, incompréhensible], c'est remettre en question un itinéraire biographique désolant, fondé sur le joli, le plaisant et l'utile. C'est le culte de la bobinerie et du bariccotisme. La littérature ne sert à rien, ou à fort peu. Chose certaine, elle ne cherche pas à plaire, à séduire, à impressionner, à amadouer ni à émouvoir ; elle n'a que faire de l'approbation – contrairement à l'ego de l'auteur – et de la reconnaissance.

Personnellement, rien ne m'indispose davantage que les louanges que certains interlocuteurs m'adressent. Passé le premier plaisir d'être flatté par la bande – c'est votre travail qu'on loue, pas vous ! – refluent une amertume née de la résurrection d'un spectre et, finalement, un profond, un noir ennui. Si les compliments enchantent l'être de chair et de vanité que je suis, ils attristent celui qui tient le crayon car on lui parle d'un cadavre. Si on me dit : j'ai aimé tel texte pour telle ou telle raison, je me sens comme un père qui se remet de la perte de son enfant et à qui l'on dit, en guise de consolation : « Tu sais, il avait tes yeux... » Il y a cette même fierté immédiatement avortée : on vous complimente sur quelque chose que vous ne pourrez jamais reproduire ni rattraper ni nourrir.

D'ailleurs, je crois que le romancier est une créature qui ne parvient pas à mourir. Un artiste approfondit sa mort, en délimite les contours et les conditions. C'est un phantasme de mort, une fin idéalisée où l'écrivain plante son décor funèbre et contrôle le déroulement de sa sortie. S'il n'atteint pas son but, c'est pour la simple raison qu'il s'évade du lieu du crime – le suicide – avant que celui-ci n'ait lieu. Alibi est ailleurs, dit le dictionnaire. Ce sauve-qui-peut est, de façon paradoxale, à la fois mortifère et salutaire. Il condamne l'homme à une exclusion plus ou moins prononcée, la plus catégorique étant la mort, et l'oblige à modifier sans cesse son regard sur l'univers qui l'entoure, selon une perspective changeante, qui rend le spectacle de la réalité tolérable. Cette situation, que je considère comme une bénédiction – on ne se départit jamais d'une éducation catholique –, je la dois en premier lieu au hasard ou à ce qui pourrait s'appeler des accidents de la nature : mon homosexualité, ma masculinité, ma classe sociale d'origine, ma famille, les gens et les œuvres qui ont traversé ma vie, mon pays. Aussi, après bouleversement de mon approche, ai-je élu de diviser cet essai de la façon suivante : en première partie, j'expose pourquoi j'ai choisi le roman, pourquoi je le privilégie toujours, d'où la décision de me proclamer « romancier militant » ; en seconde, j'analyse – ou essaie de le faire – les sources de ma rage d'écrire – et de déchirer tout ce que je compose –, en adoptant un regard obligatoirement autobiographique.

le sang ou l'encre

Qui est romancier souffre d'un dédoublement de la personnalité. Dans le coin gauche, Edward Hyde, armé d'une plume, mégalomane impénitent, vandale dépourvu de vergogne, et, en face, tremblant dans son boxer-short trop grand pour lui, Henry Jekyll, l'air terrorisé, convaincu de n'être qu'un pou, maladivement insatisfait du moindre geste qu'il pose, autocritique acharné. Pour un peu, il se décocherait lui-même des uppercuts à la gueule. À ceux qui en doutent encore : Edward Hyde-Samson écrit ces lignes. L'autre, le frileux, a pris le

19

parti de laisser le champ libre au déchaîne-
ment de son *doppelganger*. En fait, vous vous
en doutez bien, je viens tout juste de mentir :
j'ai sciemment ignoré une troisième figure.
Au milieu de ce jeu de massacre s'active l'ar-
bitre, Mary Reilley, amie du bon docteur,
mais captivée par le monstre, secrètement
embrasée par lui. C'est elle qui tempère les
excès de l'un (« ce que j'écris est obligatoirement génial »), retient le bras de l'autre
éperdu dans une interminable crise d'auto-
flagellation exacerbée (« ce que j'écris ne
vaut invariablement rien »). En fait, elle doit
gérer ce qui n'est pas à elle, elle est à l'exté-
rieur du processus créatif et, par un étrange
pouvoir d'ubiquité, en son centre, comme
si l'acte de créer gravitait autour d'elle,
qu'elle en régulait le flux par un savant ca-
librage de sa force d'attraction ou de répul-
sion. Elle est l'œil neutre, elle est ailleurs,
étrangère, comme l'écrivain doit s'exiler de
ses deux mondes, le réel pour le démasquer
et l'imaginé pour mieux le façonner et le
rendre crédible. Il s'agit de mentir, et bien
le faire est donner l'illusion de la vérité.
Mary Reilley est en fait une créature hybride.
Elle assume le rôle de *surlectrice,* elle repré-
sente la gamme de lecteurs indispensables
à la publication du meilleur roman possible,
s'ils abattent de façon compétente leur
travail : l'écrivain, l'éditeur, et, en ordre

décroissant d'importance en ce qui me concerne, le correcteur, le libraire, le critique, les institutions et le distributeur. Les trois premiers peuvent réaligner l'œuvre en cours – auxquels on pourrait ajouter amis et mentors, mais ce n'est pas mon cas – les autres guideront sans doute, souvent à l'insu de Hyde, celle à venir. Notez que le public brille par son absence, mais elle n'est qu'apparente puisque je le confonds avec les critiques. Parmi les avantages à écrire et à publier au Québec, il faut tirer du sac l'impossibilité d'évaluer une œuvre à partir de son tirage.

Mais en ce qui concerne l'*écrivant* en tant que tel, seuls Hyde et Jekyll composent véritablement l'individu purement créateur. Le premier jette des perles aux pourceaux, l'autre juge sa production indigne d'être publiée.

Voilà, j'en ai bien peur, à quel dilemme je suis confronté en commettant cet essai. D'un côté, je répugne à expliquer ma vision artistique et me balance complètement de l'opinion d'autrui ; de l'autre, j'aurais tendance à m'excuser de pondre des stupidités. Le Samson de sang se confond en excuses, celui d'encre vous balance ce qu'il considère comme une vérité universelle, c'est-à-dire la sienne. Attachez vos ceintures.

le romancier militant

Je suis un romancier militant, pour la mauvaise raison, diront certains, car mon engagement ne se situe pas sur le plan du propos, mais sur celui de la forme. Je m'explique par l'anecdote suivante :

En 1999, le Conseil des arts du Canada m'invite à faire partie du jury du Prix du Gouverneur-général – romans et nouvelles. J'accepte. J'ai donc lu tout ce qui, de la production francophone canadienne, se réclame de l'univers de la fiction et de la prose. L'ensemble s'élevait à environ cent cinquante œuvres, du meilleur comme du pire. Et je me suis élevé contre l'aberration suivante : le roman se retrouvait noyé dans une mer de textes correspondant souvent à n'importe quoi : nouvelles, biofictions, biographies romancées, autobiographies assumées ou non, collages d'états d'âme, contes. En fait, la catégorie « Romans et nouvelles » recueillait ce qui ne cadrait pas ailleurs. Un fouillis, un immense débarras de la littérature. Si ça ne tient pas de la poésie ni de l'essai ou que ça n'intéresse pas les enfants, hop ! à la poubelle ! Même l'illustration pour la jeunesse a son prix. Depuis ce triste jour – la réunion des jurés – je n'en démords pas : on méprise le roman. Je le clame d'autant plus haut et fort : je suis romancier et fier de l'être.

Je vous l'annonce tout de suite : c'est ici que je me déleste du maillon le plus faible de mon exposé. Faible parce que, purement subjectif et injuste, il ne résiste à aucune analyse juchée sur la rossinante théorique. Je suis conscient de l'embarras, même de l'hilarité que ma perception des genres littéraires fictionnels provoquera chez plusieurs. Je m'en balance éperdument : mon but n'est pas d'avoir raison, mais de créer, même, surtout, dans l'erreur.

Oui, j'ai choisi le roman. Il aurait pu en être autrement. Or, c'est cette forme narrative qui me convient. Parce que le roman est en soi un alibi. Il est le lieu de toutes les tricheries. Dans le roman, l'auteur est partout sauf là où vous *le lisez*. Je le distingue de la nouvelle sur ce plan : cette dernière, à mon humble avis, constitue un indice du passage de l'auteur. Qui lit une nouvelle reçoit une infime portion, grossièrement encodée, d'une facette de l'écrivain. En poésie, l'encodage est peut-être plus alambiqué ; mais, au fur et à mesure que l'œil du lecteur s'aiguise, ce dernier s'aperçoit que les pistes lancées par le poète sont plus crues, plus concentrées, plus collées à la conscience, à la persona de l'artiste.

Avec le roman, le contraire se produit. Si, en lisant son œuvre, vous voulez *connaître* l'auteur comme il se connaît lui-même, traquez-le n'importe où sauf dans le texte. Un romancier pique les pages de fausses pistes dans le but d'éluder le regard de l'autre, de se trouver là où son lecteur ne l'attendait pas. Un bon roman est une époustouflante poursuite, une version imprimée du jeu du chat et de la souris.

Si la poésie est une esquisse finement dessinée, si la nouvelle est l'équivalent d'un parfum, le roman est un masque réfléchissant : par la ruse, il oblige le lecteur à se regarder dans un miroir dont les formes épousent le visage d'autrui. En ce qui me concerne, le terme « coït » colle parfaitement à l'aventure romanesque. Il peut être intellectuel (savamment travaillé), émotif (le beau et le touchant), fantasmé (harlequinades et compagnie) mais un accouplement s'opère, prenant parfois des allures de lutte, d'opposition, d'exaspération, d'épuisement. Vous aurez deviné que je préfère les ébats sudorifères aux autres. Un roman qui me fait pousser des oh et des ah compassés prend illico la direction de la tablette. Je ne le jette pas, même s'il le mérite : il me sert de mise en garde, me rappelle que la sénilité peut frapper avant l'arthrite.

Oui, j'affectionne les romans qui me forcent à pédaler, qui se rebiffent dès qu'on fait mine de les harnacher. Il m'est arrivé de détester des auteurs pour les sévices qu'ils ont exercés sur mon esprit, mes attentes et mes certitudes. Si je vous avouais que, en tant qu'auteur, mon but est de me détester, poursuivrez-vous la lecture ? En effet, les passages que j'affectionne dans mes romans – oui, il y en a – sont ceux qui m'horrifient.

Pour revenir aux trois genres mentionnés précédemment, je leur attribue des quêtes artistiques différentes.

Je vois la poésie comme une vaillante entreprise de carottage, l'exploration en verticalité du langage. Je ne peux m'empêcher de considérer le poète idéal comme celui qui plonge vers l'ultime source des mots pour en revenir avec le Verbe, le mot originel. La trituration – parfois excessive – de l'agencement des mots et de leurs sens – j'imagine du signifiant et du signifié, j'ai oublié dès que possible les enseignements – n'a qu'un but ultime : par le sassement incessant du lit de la grande rivière, l'orpailleur recherche la pépite. J'y discerne un vague point commun avec le romancier : il exhibe ce qu'il ne cherchait pas, mais ce qui s'est aggloméré au fond du tamis. De son côté, le romancier cache derrière un réseau inextricable d'oripeaux rutilants ce que, par jeu, il qualifie, à tort, de trésor inestimable : celui qu'il croit être.

Le romancier explore la nappe du langage à grands coups de sonde. Une fois la croûte vaincue, il pompe le liquide noir sans retenue, quitte à le gaspiller, il s'en contre-fiche. Ce qu'il recherche, en fait, ce n'est pas le pétrole mais la nappe elle-même, sans se rendre compte qu'il la détruit au fur et à mesure qu'il la désemplit. Il ne sera satisfait qu'une fois la réserve épuisée, projet illusoire puisque le réservoir est en lui, ignoré de tous puisque les autres se précipitent sous les jets, chaudière à la main.

Le nouvelliste – ou le nouvellier, quelqu'un aura-t-il la bonté de nous brancher ! – opère une prospection hybride : il propose une pierre, la retourne, la polit, la gratte toujours au même endroit, nous laisse deviner, mais à peine, quel minerai se cache sous la gangue, puis la laisse tomber pour en saisir une autre.

On me remerciera d'hésiter à composer des nouvelles. Je surmonte ainsi la tentation de recycler des romans non viables en courts récits potables. J'ai un carton plein d'avortons, sans compter ceux qui s'accrochent à ma mémoire. Bref, je serai grossier : la poésie contemporaine m'exaspère et la nouvelle m'ennuie. La première a été jadis le porte-flambeau des insoumis et de la transcendance. Malheureusement, et blâmez mon impatience de romancier, il me semble qu'elle croupit de nos jours sous les rayons, directs et indirects, du soleil je-me-moi, et

26

que la résolution du mystère poétique ne
vaut pas l'effort du déchiffrement. En ce qui
concerne les nouvelles, je dois avouer
qu'une certaine production canadienne-
anglaise trouve grâce à mes yeux. Peut-être
s'agit-il là de l'ultime retranchement de la
culture *canadian* assaillie de tous côtés par
la manufacture à romans américaine.

Au Québec c'en est à se demander si la
nouvelle n'est pas devenue, sauf exceptions,
le repaire des essoufflés d'avance, lire : ceux
incapables de pondre un roman, qui rechi-
gnent à confier à la poubelle ce qui le méri-
terait ou, pire encore, l'occasion pour
certains à élever au rang de talent ce qui
n'est qu'un certain savoir-faire dans le domaine de l'entourloupette.

D'ailleurs, mon militantisme maladif me
garde de participer aux cirques littéraires
subventionnés. Je l'ai fait une fois, merci
beaucoup. Les organisateurs ont la fâcheuse
habitude de souhaiter, pour ne pas dire ré-
clamer, de courts textes originaux. Nous
vivons, hélas, une époque bien triste, celle
de la nouveauté, de l'originalité à tous crins,
de la chasse à l'exclusivité, de la boulimie
des cuistots du pique-nique littéraire, obses-
sions qui traduisent, en fin de compte, un
indéniable mépris pour la littérature, ce qui
n'étonnera personne si on considère qui
nous nous obstinons à élire des deux côtés

de l'Outaouais. Car, en effet, pour avoir droit à son foin, la vache ne doit-elle pas passer à la trayeuse ?

J'ai assisté récemment à un lancement collectif déguisé en bordel littéraire. Voir défiler une triste caravane de créateurs, poussés par leur éditeur à s'humilier en public – un spécimen avait même appris sa nouvelle par cœur et la débitait affublé d'une jaquette d'hôpital – est un bien pénible spectacle. Il faut avoir perdu foi en la littérature pour monter de telles idioties. Je peux toujours me consoler en me répétant que ce mépris transcende les disciplines artistiques : j'ai su qu'un festival invitait des écrivains à se faire chorégraphes d'un soir, histoire d'illustrer sous forme de *steppettes* l'incontrôlable ennui que le texte ne manque pas de provoquer chez les collectionneurs de subventions pour spectacles littéraires. Quand un organisateur sacre chorégraphe un écrivain en manque d'applaudissements, il gifle deux muses d'un simple aller retour de la main.

Je ne suis pas près de recevoir une invitation. Tant pis pour le *100 $-la-shot.* Remarquez, soit dit en passant, qu'on ne m'étonnerait pas en admettant que les musiciens chargés de désennuyer la foule pendant la lecture sont rémunérés plus grassement – ou moins chichement, c'est selon – que les auteurs, et ce, à même le budget « littérature » des différents conseils des arts. Nous en sommes là : même l'UNEQ, en encourageant ces foires, méprise les écrivains.

Maintenant, prenez place, si vous le voulez bien, dans mon manège autobiographique flambant neuf. Je me convaincs que vous y décèlerez les sources de mon approche bourrue de la littérature.

comme ils disent...

D'emblée, sachez que l'exhibitionnisme autobiographique me pue au nez. Mais, bon, peut-être qu'après ce livre me fichera-t-on la paix avec mon histoire sans intérêt.

En septembre 1979, je suis devenu officiellement homosexuel. C'est-à-dire que, à vingt et un ans et pour la première fois de ma vie, je me suis réveillé dans un lit étranger, j'ai glissé ma joue sur l'oreiller, jeté un regard sur le visage moustachu à côté du mien – il s'appelait Clermont – et, voilà la primeur, je me suis senti *bien*. Oui, *bien*. Pas extatique ni revigoré. Juste *bien*. Et je me suis rendormi, histoire de compléter ma métamorphose. Le lendemain, j'ai laissé ma mue sur ces mêmes draps avec les idées noires, les anticipations angoissantes, la haine de soi.

Je crois que seul un homosexuel de ma génération ou plus âgé peut comprendre l'intensité de cette propension à la haine de soi. Celle des Québécois francophones pour eux-mêmes, que nous explorerons plus loin, est plus alambiquée, plus secrète quoique équivalente.

Non, ce dégoût, seul un homosexuel peut l'avoir ressenti. Nous vivons dans une société – capitaliste, catholico-puritaine – qui, sciemment ou non, pousse les êtres singuliers au suicide. Noirs, Juifs, intellectuels, homosexuels sont ostracisés par les institutions, les médias, les coutumes. Ils sont repoussés aux bordures de la société, créatures excentriques que nul ne doit prendre au sérieux, donc objets de dérision. Mais, me demandez-vous, qu'est-ce qui distingue les homosexuels des autres catégories de méprisés ? Le modèle. Par exemple, un jeune Haïtien, ou Juif, s'assoit à table entouré de gens qu'il reconnaît comme ses pareils. Il croise dans la rue des semblables. Parmi ces commensaux et ces concitoyens se trouvent sûrement des exemples d'individus *fonctionnels*, porteurs d'espoir. Un intellectuel peut toujours se rabattre sur ses livres, fréquenter les milieux universitaires – les clubs d'échecs, que sais-je – et y dénicher des âmes sœurs. Un homosexuel, lui ? Les seuls modèles qu'on lui apprend à repérer sont, immanquablement, les plus colorés, victimes de violences verbales ou physiques. Ajoutez à cela les médias, où les choses n'ont pas tellement évolué depuis. D'énergumènes, les homosexuels sont devenus au mieux inexistants, au pire ridicules ou malheureux. Au cinéma, ils meurent bien souvent, je trouve.

Mes premiers émois *homosympathiques* – je n'ose parler de véritable sexualité – je les ai ressentis vers l'âge de six ans. J'avais appliqué les mains sur le ventre d'un compagnon de jeu de mon âge – Yvon – et je me souviens de façon presque palpable d'une fascination que je n'arrive à traduire que de la façon suivante : il y avait sens. Finalement. C'est que je m'étais fait une sacrée réputation avec les fillettes, reluquant, paraît-il, sous les jupes les petites culottes blanches, plantant un baiser sur la joue de Colombe, ma voisine. Je crois que les parents voient ce qu'ils désirent voir, se gaussent de la précocité du rejeton qui, avide de reconnaissance, en rajoute. Or, je le clame bien haut, jamais de ma vie n'ai-je été, même un peu, intrigué par l'anatomie féminine. Je n'en suis nullement dégoûté : il s'agit d'une parfaite indifférence. Je n'arrive même pas, passés les critères standard – poids, taille, cicatrices, traits, etc. –, à classer un corps féminin sur une échelle esthétique. Il y a harmonie ou pas, mais au-delà de ça, je déclare forfait. Formes mammaires, largeur du bassin, longueur et fuselage des jambes, pfft ! toute l'équation de la beauté au féminin m'échappe. D'ailleurs, je ne révolutionne rien en m'amusant à avancer que la forte présence des homosexuels en haute couture peut expliquer la prédilection récente du milieu pour les genres squelettiques ou, carrément, monstrueux : ces mannequins n'ont rien, ou presque, de féminin. Et, comble de malheur, que ce modèle correspond à la vision *ascétique* d'un (pseudo-) féminisme déréglé, auto-négationnel... qui ressemble étrangement au malaise homosexuel. Ce que j'appelle le féminisme paresseux qui prend pour modèle... l'homme. Me suis-je fait assez d'ennemis en trois pages ? Poursuivons.

Donc la société pousse l'homosexuel à la non-reconnaissance de soi, au suicide. Dans mon cas, puisqu'il faut parler de moi, je n'étais parvenu à dégager que deux parangons d'homosexuels : la célèbre grande folle et le pédophile sexagénaire violent et dangereux.

Histoire de compliquer le tout, je mentionnerai les quelques agressions qui ont parsemé ma jeune vie, facilitées par ma solitude, elle-même le fruit de mon éducation. Certains comprendront les raisons pour

lesquelles mes parents n'ont rien su de mes
mésaventures : je les cachais parce que je
m'en rendais responsable. Car, foin des miè-
vreries puritaines : à dix ans, je percevais clai-
rement les intentions de ces individus. Je
ressentais une fascination intense pour eux
et, de leur désir presque palpable, je retirais
un sentiment de puissance et de contrôle.
Ajoutez ma curiosité, mon inclination pour
la tendresse masculine, ma conviction qu'un
événement providentiel, une révélation devait découler d'une rencontre aux développe-
ments à la fois inconnus, redoutés, voulus
et appréhendés. Je savais que les intentions
de ce photographe amateur d'une rue voisine étaient, au bas mot, troubles, que sa
gentillesse et ses compliments – j'étais alors
un joli garçon – celaient des projets peu
avouables, comme diraient certains. J'ai
tout de même cogné à sa porte. Qui sait,
peut-être quelques-unes de « mes » photos
circulent-elles encore ?

Fermons cette pathétique parenthèse et
rangez vos mouchoirs.

Il va sans dire que les modèles hétéro-
sexuels ne s'appliquaient aucunement à
mon caractère : je les jugeais sportifs et gré-
gaires (je redoutais les sports d'équipe puisqu'ils me précipitaient vers une *perdition*
vaguement appréhendée, associée à la proximité de corps masculins), anti-intellectuels

(j'aimais lire et jouer aux échecs, signes « qui ne trompent pas »), compétitifs, voire agressifs (je préférais passer inaperçu), sans oublier la quête amoureuse (on comprendra que les *filles* ne m'intéressaient aucunement physiquement parlant et, conscient des bouleversements hormonaux qui agitaient mes congénères et les poussaient à l'exploration sexuelle, je limitai mes contacts avec le monde féminin au strict minimum). Bien sûr, reste à savoir s'il s'agit ici de prédispositions ou de réactions à mon homosexualité latente : étais-je *intellectuel* parce que homo ou faisais-je l'effort de l'être pour m'éviter la proximité des hétéros ? Ou, mieux encore, est-ce que l'homosexualité fait de vous un adolescent intello solitaire asexuel ou est-ce le contraire ? Au moins, vous savez maintenant à quelles cogitations j'ai sacrifié les années de mon adolescence.

Pour accroître mon malheur, je ne me reconnaissais pas dans les deux modèles homos. Bon boxeur – j'étais trop bon élève au goût de certains –, j'envoyais mes adversaires, même plus âgés, au tapis ; on me disait casse-cou car rien ne m'effrayait ; j'étais bâti bien solidement... Bref, qui étais-je donc ? Résultat : le recroquevillement. Je crois, en effet, qu'à l'époque du moins, la seule solution possible était la solitude. Je ne peux m'empêcher, encore aujourd'hui, de

considérer l'homosexualité comme un sacerdoce. C'est une condamnation à l'exclusion.
Les années de puberté, en ce qui me concerne, ont correspondu à un terrible novi-
ciat où je devais composer mes propres
prières. Que certains de mes proches me
qualifient d'ermite aujourd'hui, il n'y a
pas de quoi s'étonner. Je me souviens des
jours de congé passés entièrement dans ma
chambre à faire Dieu sait quoi, à lire surtout.
Mais, particulièrement, à échafauder une
réalité, un univers dans lequel j'avais ma
place. Je me souviens d'avoir passé des jour-
nées entières à bâtir une ville faite de bâton-
nets pour la détruire aussitôt achevée. Rien,
pour moi, ne méritait de survivre. C'était,
avant tout, un univers qui se dérobait sans
cesse, qui devait échapper à la moindre définition. Il ne s'agissait pas autant de l'éla-
boration d'un monde que de son incessante
déconstruction, car la survie de ce labora-
toire mental dépendait justement de cette
absence de définition, en ce sens que *définition* inclut aussi la finitude, la complétion et
l'arrêt d'un phénomène et, de façon irrémé-
diable, son appropriation par la masse, c'est-
à-dire ceux et celles qui gravitaient par
milliers autour de moi et m'étouffaient.

Peut-être trouve-t-on là l'origine du sup-
posé narcissisme homosexuel que nous
chantent psychologues et autres charlatans.

Si vous poussez une créature à échafauder des scénarii dans lesquels elle doit tenir tous les rôles, doit-on parler de narcissisme ou de dédoublement ? Car l'homosexuel doit être plusieurs, et ce, tout au long de sa vie. Il doit être *gentil*, c'est-à-dire insignifiant. Il doit aider les vieilles dames à traverser la rue, se faire le confident idéal, être pacifique. De plus, il doit être sinon beau, du moins propre, bien mis. Bref, l'homosexuel a quelque chose à se faire pardonner, notamment son manquement au canon judéo-chrétien : sauf exception, il ne se reproduira pas.

Pour en revenir à l'échappée vers et par l'imaginaire, admettons que l'homosexuel doit y exceller, sinon... Les statistiques sur le suicide des adolescents parlent d'elles-mêmes, il me semble. Avant d'aller plus loin, qu'on ne se méprenne pas sur mon propos : notre société entretient une relation malsaine avec la mort. Je me demande simplement si notre société, subconsciente de sa responsabilité face à ces actes autodestructeurs, ne refuse pas de reconnaître froidement les rouages qu'elle s'est donnés pour se rendre jusqu'à notre époque et fait mine de se scandaliser d'un choix, d'un geste profondément intimes. Et parfois, au spectacle d'associations *irisées* éplorées devant les chiffres, j'ai l'impression d'avoir à faire à des recruteurs déçus plutôt qu'à des individus touchés par la détresse d'êtres humains. Il y a un petit côté darwinien dans cette obsession de maximiser le nombre de nos membres, non ? Ce qui me peine le plus dans le suicide d'un adolescent, ce n'est pas son geste mais la souffrance, le désespoir qu'il a dû endurer avant d'en finir. Je les ai ressentis. Et je ne peux que comprendre son geste et, en conséquence, rechigner à le condamner. On ne peut demander à un individu de lutter au-delà de ses forces.

Me reste-t-il des lecteurs ?

D'où viennent les outils nécessaires, pour l'excentrique, à cette envolée vers l'irréel ? Sûrement pas de l'école, où seule la préhension de la réalité et de ses mécanismes est mise de l'avant. D'ailleurs, de nos jours, avec la littérature dite *jeunesse* – veut-on former des adultes ou des adolescents perpétuellement attardés ? – je plains les écoliers. Il ne fait aucun doute à mon esprit que nos institutions scolaires, avec leurs gestionnaires paresseux, veulent s'éviter des lettres de protestation des parents en inondant leurs bibliothèques de cette marchandise insipide, abrutissante, c'est-à-dire proprette, vulgairement moralisatrice, faite sur mesure pour une future horde de ronds-de-cuir. Preuve de cette imbécillité institutionnelle : les romans dits jeunesse dépassent

rarement les cent vingt pages. Voilà des institutions qui ont décidé que le pouvoir de
concentration et d'attention de notre pro-
géniture est limité à l'extrême. Comment
s'en étonner quand on contemple *ce* qui
nous gouverne ? L'inaptitude de notre *élite*,
Dieu nous pardonne, à voir au-delà d'une
élection se répercute dans les classes. Un
peuple de crétins et d'abrutis ne peut exprimer de façon efficace sa révolte. De plus, il
serait peut-être intéressant de tisser des liens
entre la manufacture des romans bêtifiants
pour la jeunesse et le désespoir, la misère
dans lesquelles s'enfonce une partie trop importante des lecteurs de ces inanités une fois
au seuil de la maturité. Quel choc, en effet,
de se rendre compte que la vie n'est pas l'illustration *in vivo* d'un roman bien-pensant,
pondu à l'ombre d'un collège privé, où les
problèmes se règlent à grands coups de
bonnes dispositions. La désillusion doit être
intenable. Pire encore, en évoquant l'impossibilité pour une jeune cervelle d'apprécier
une véritable œuvre littéraire, les vandales
pédagogiques s'assurent qu'elle manifestera
à l'égard des vrais romans une indifférence
adulte.

Donc, l'évasion vers l'irréel. D'où peut-elle
venir ? Du monde des arts. Dont la littérature.

Mon premier souvenir de lecture autre
que scolaire je le dois à *Doc Savage*. Un

roman jeunesse, direz-vous. Soit, mais où l'imaginaire avait sa place et, je précise, à une époque où la rectitude politique n'avait pas encore opéré ses ravages.

Doc Savage, créature humaine quasi monstrueuse – peau de bronze et œil doré –, vit en ermite – tiens ! – au 86e étage d'un gratte-ciel new-yorkais. Il y accède par un ascenseur privé qui se déplace à une vitesse folle, d'où la carrure nécessairement athlétique de mon héros. Doc possède un entrepôt secret, où il cache une collection de voitures, et une retraite boréale baptisée « La Forteresse de la Solitude ». Il évolue de roman en roman, chemise fréquemment déchirée, adulé par ses cinq assistants, quatre masculins et sa cousine Pat – prénom plutôt ambigu – qu'il tente par tous les moyens possibles d'éloigner. Dois-je vraiment élaborer davantage ?

Je me contenterai de souligner le trouble qui m'assaillait à la lecture de ces aventures, un tumulte exempt de culpabilité car encodé par l'imagination du lecteur : nul ne pouvait déchiffrer la source de mes émois – y compris moi-même – vu le caractère mystérieux de mon adaptation du texte. Je crois sincèrement que l'imagination et l'interprétation naissent d'un besoin et que plus ce besoin est urgent et à la fois impalpable, plus les voies secrètes de la lecture se

complexifient. Je me reconnaissais en Doc,
je comprenais sa solitude, je partageais sa
recherche de compagnie masculine, j'appré-
ciais, comme ses acolytes le faisaient, son
physique, tout en admettant son côté jugé
monstrueux par la masse. Je n'y ai peut-être
pas appris à dire « non » aux offres de bon-
bons à ma sortie d'école, mais ces romans
m'ont permis d'accepter ma propre, ma
mystérieuse monstruosité. Conséquemment,
peu m'importent aujourd'hui les considéra-
tions conformistes de mes contemporains.
Qu'une association de psychiatres ait décidé,
il y a des lustres, de retirer l'homosexualité
de la liste des perversions ou des patholo-
gies, peu m'en chaut. Qu'un énergumène
me lance à la figure que l'attirance pour un
être du même sexe est *anormale*, eh bien,
j'applaudis. La normalité a bu au sein de la
morale et je n'apprécierai jamais cette tétée-
là. On pourra ranger l'homosexualité à côté
de la schizophrénie, je n'aurai rien contre.
La tragédie des schizophrènes – ma sœur
Louise l'était – traduit le mal qui nous af-
flige tous : ce que nous ne comprenons pas,
nous tentons par tous les moyens de l'assom-
mer ou de l'abrutir. Louise criait dans le
désert, la main débordante de pilules,
l'esprit sans cesse lesté de psychotropes,
condamnée au silence ou à l'indifférence,
la mienne incluse. Je choisirai toujours

d'être associé à ma sœur incomprise plutôt qu'à un conformiste couronné *normal.*

Vinrent les romans d'Agatha Christie, lecture transitionnelle en ce sens qu'elle fut l'instrument d'un lent glissement de l'intérêt sensuel (Hercule Poirot était sexuellement ambigu... mais loin d'éveiller les sens !) à la fuite socioéconomique, c'est-à-dire ma prise de conscience – il serait plus juste de dire ma *prise de fierté* – de ma condition sociale et, surtout, du sort qu'on réservait aux gens de classe ouvrière. Mais, si vous le permettez, terminons un chapitre avant d'en entreprendre un autre.

Donc, loin d'atténuer mon calvaire, la lecture l'aggrava. Car seule l'irréalité offrait une issue tolérable. Seul un roman pouvait museler ma culpabilité – je vous ferai grâce de mes rêves érotiques et de mes fantasmes d'alors. D'un autre côté, je niais, en admettant qu'on le puisse, mon corps. J'aurais voulu me réduire à l'état de squelette, ou mieux, de spectre, dans le but de faire taire ce corps. Je m'enfonçais dans le mépris de mon propre pouls, terrible scansion de l'épreuve que mon existence infligeait à mon entourage, à ceux que je devais aimer et qui m'auraient haï s'ils avaient pu lire mes pensées. J'ai appris à me détester, donc, et à approuver l'inévitable mépris de mes proches.

Mes dix-huit ans approchaient, j'étais vierge et menaçait de le rester jusqu'à la fin de mes jours, ce qui aurait pu me servir si j'avais entendu la *vocation*. J'ai résolu de remédier à la situation. Il s'agissait d'un acte de pure volonté : s'il fallait passer par là, autant le faire le plus rapidement possible. J'ignore par quelle sagesse providentielle j'ai décidé que cette défloration serait homosexuelle. Je crois qu'elle découlait de ma décision de préférer à l'humiliation d'une insuffisance physique devant le corps féminin une souillure, une abjection éternelles. Donc, cherchez l'homme. Or, vous vous souviendrez que seuls deux modèles se présentaient à l'acheteur – Doc Savage n'en était pas, *of course* ! Entre le pédophile violent et ce que certains appellent la tantouze, qui choisiriez-vous ? D'autant plus que, n'étant plus enfant, je risquais de n'attirer qu'un pédophile désespéré.

Va pour le modèle maniéré. Mais un problème se posait. Si le chasseur d'enfants, comme tout *prédateur*, ne peut être repéré – d'où le péril –, il n'en va pas de même de l'autre, pensai-je. Dans mon esprit, le scénario se développait ainsi : une fois l'*acte* accompli, je déambule rue Sainte-Catherine en compagnie de mes parents et nous croisons mon compagnon d'une nuit. Celui-ci, encore plus efféminé que la dernière fois

– il s'agit d'une affection sûrement dégéné-
rative, pensais-je –, se jette sur moi, me
couvre de baisers. Je m'éteins après d'inter-
minables souffrances.

Je me suis donc rendu à Paris. J'en suis
revenu dépucelé et un peu plus souriant,
mais pour la mauvaise raison. L'expérience
ayant été désastreuse, je m'étais mis en tête
que je n'étais pas homosexuel. Soit. Alors,
qu'étais-je ?

Encore une fois, je vous ferai grâce de
détails plutôt sordides. Et puis, mes lectures
n'aidaient en rien. Lady Christie me semblait fort peu sympathique à ma cause. Une
de mes sœurs me refilait ses romans de Guy
des Cars que je m'astreignais à lire pendant
que jouait, à répétition me semblait-il, la
chanson *Comme ils disent* d'Aznavour. Cette
longue période – trois ans – m'a au moins
appris qu'on ne doit pas attendre grand-chose
d'actes commis en état d'abjection de soi.

Pas une journée ne passait sans que je
ne songeasse au suicide, passez-moi le sub-
jonctif. Je me revois me rendant au travail –
j'étais banquier, pour l'amour du ciel ! –,
retenant mes larmes, la gorge nouée, ne
parvenant qu'à me répéter, comme un mantra : « Ce n'est pas possible, ce n'est pas possible, ce n'est pas possible. »

Je pris une décision qui, encore aujour-
d'hui, me surprend. Je quittai mon travail

pour travailler la nuit, dans un restaurant, en plein quartier *hot* – Sainte-Catherine et Stanley, à l'époque. J'ai pu y croiser toute la brochette de spécimens homosexuels, y compris les plus voyants. Et j'y ai rencontré Clermont. Donc l'amour. De moi-même. Tout s'est mis en place.

Fin du mauvais téléroman – en admettant qu'il en existe de bons.

Car je crois que ce pont franchi – l'Amour, toujours l'Amour ! –, mon *problème* sexuel était définitivement réglé. Depuis, je n'ai pas hésité à sacrifier mes relations familiales, ma possible carrière – dans une quête de stabilité j'avais retrouvé le milieu bancaire, et mon amant d'alors (1981) venait régulièrement me cueillir au travail et m'accompagnait aux festivités organisées par l'employeur –, quelques rares amitiés – j'en avais si peu ! Je répète que je n'ai cessé de considérer l'homosexualité comme un sacerdoce. J'associe peut-être un peu trop ma condition à celle d'un commando, même à la retraite vu les beaux jours qui brillent, toujours prêt à retrouver la clandestinité si besoin est – l'histoire nous dicte que ce sera le cas –, condamné à côtoyer les exclus, les méprisés, à prendre leur défense, à leur donner voix, à refuser le confort de la pensée facile : ce n'est pas un choix, c'est un devoir, oui, une dette éternelle mais exquise, être à la fois *poète et objet du mépris*, pour citer l'autre, de gravir une pente et de ne jamais clamer être parvenu au sommet – l'acceptation, l'homologation – et y planter son drapeau, irisé ou non.

Il y a, dans cette condition d'homosexuel, l'obligation de ne jamais regarder ce que le doigt pointe, d'être, au pire, le chien galeux qui détaille le doigt du maître et pisse sur ses chaussures. Il est voué à déplaire. S'il est artiste, il n'a pas pour but de flatter mais de dénoncer cette entreprise frauduleuse qu'est la société fonctionnelle, il sert un formidable pet pendant la messe de la Fête-Dieu.

L'écrivain, le romancier que je tends à être se trouve donc ailleurs, toujours ailleurs, parce qu'il déguerpit, il s'évade de la machine à broyer l'homme pour y revenir armé d'un grain de sable.

Québec : une affaire de classe et de famille(s)

Mon père est issu de la moyenne bourgeoisie provinciale, mais appauvrie. Si son grand-père paternel était le médecin de Lambton, en Beauce, son père, pour des raisons qui m'échappent – un mariage malheureux ? un esprit rebelle ? un comportement honteux ? un problème de bouteille ? –, a frôlé la misère avec sa famille. Le krach de 1929, alors que mon propre père, benjamin du clan, avait trois ans, n'a rien arrangé. Toutefois, la famille Samson a reçu une éducation honorable, à fort dosage catholique, vu que l'accession au savoir s'est faite grâce à des liens avec le pouvoir ecclésiastique.

Malheureusement, mon père a contracté la tuberculose à quinze ans et s'est retrouvé diabétique l'année suivante. Ses études en ont souffert. Il s'est retrouvé pratiquement ouvrier : il vendait, je crois, des radios chez Eaton's puis, grâce à des cours du soir, s'est fait réparateur de télé.

Ma mère est née rue Sanguinet, en 1927. Cela devrait suffire pour vous mettre au parfum. Mais j'élaborerai tout de même. Peu de Québécois d'aujourd'hui seraient prêts à admettre qu'une telle pauvreté ait un jour existé à Montréal. Pourtant si. Je me contenterai de deux courtes anecdotes, parmi mille : pendant des années, le régime quotidien de la famille Carrier – une mère abandonnée par son mari avec ses neuf filles – se résumait à *pain-beurre-mélasse, beurre-pain-mélasse* et *mélasse-beurre-pain*. Deuzio : ma mère a pris son premier bain à l'âge de quinze ans. Je tiens à préciser, dans le but de rasséréner ma génitrice, qu'elle est depuis d'une propreté maniaque. Voilà maman, tu peux dormir.

Ma mère, ajouterai-je, n'a jamais renié ses origines *modestes*, pour parler euphémiquement. Au contraire, elle en a cultivé une fierté qui ne s'est jamais démentie. Elle revendiquait – et le fait toujours – une naissance qu'une bonne part de la population de même souche d'Outremont-sur-Seine et du Plateau s'emploie à biffer.

Notre famille s'étiolait rapidement, car les rejetons quittaient précocement le nid : ma sœur Françoise, de douze ans mon aînée, est partie à seize ans ; Louise nous a quittés à quinze (j'en avais dix) ; Claire à seize ans (je fêtais mon treizième anniversaire) ; j'ai bénéficié d'une condition économique qui allait en s'améliorant. Du Plateau *populaire* (des Érables et Gauthier) nous avons glissé jusqu'à Hochelaga (Notre-Dame et Joliette), jusqu'à ce que le pouvoir décide de chasser le troupeau de sous-humains que nous et nos voisins formions dans le but de construire une autoroute... qu'on attend toujours. Nous nous sommes réfugiés à Lachine, ce qui marquait une certaine ascension, désespérément fade, dois-je admettre.

J'ai déjà glissé un mot sur ma sœur Louise. Permettez-moi d'insister.

Je garde de mon enfance un souvenir flou. Quelques épisodes me reviennent en mémoire : Louise déboulant les escaliers (un auriculaire cassé) ; Loulou perdue dans ses

livres, celle féministe à quinze ans qui af-
fronte mon père (« C'est pas à toi que je
parle mais à ta femme »), un homme fon-
cièrement bon, je précise, mais victime de
son éducation ; Loulou sous l'emprise du
LSD et qui disparaît ; Loulou retracée à La
Nouvelle-Orléans où, démente, elle implo-
rait les passants de lui écraser les pieds, puis
rapatriée. La longue suite de traitements
(électrochocs, bains glacés, psycholep-
tiques), ses évasions successives, la police qui
lui passe les menottes dans le salon, sa
longue escapade au Yukon. Son rapatrie-
ment, un autre, à la suite d'une crise violente
et de la mort d'un Amérindien qu'elle avait
poignardé, affirmait-on. La fois où elle a
voulu m'étrangler pour me libérer, expliqua-
t-elle, de l'esprit de Pierre Trudeau. Ses ten-
tatives de suicide, au moins une vingtaine :
veines tailladées, surdoses, immolation, in-
nombrables pendaisons dont l'ultime, la
fatale, dans sa chambre d'hôpital où on
l'avait enfermée pour, justement, la *protéger.*

Que me reste-t-il d'elle à part ces images
auxquelles j'ajoute les impressions et l'écho
de ses paroles : son intelligence inégalable
– elle lisait Sartre et Camus à douze ans ; son
désespoir de se savoir folle et condamnée à
ne côtoyer que ses semblables ; son ascé-
tisme et la générosité qui en résultait. Il faut
y accoler mon égoïsme de jeune adulte, mon

ennui face à ses tourments, mon irritation au son de sa voix au téléphone, elle qui avait si peu à dire, me plaignais-je. Qui sont les monstres ? Je vous le demande. Va Loulou, je me pardonne comme tu le ferais. Il le faut. Tu m'as marqué plus profondément que mes pires épreuves.

Ce serait une autre injustice de ne pas parler de mes deux autres sœurs.

Françoise, révoltée parce que meurtrie, convaincue de la haine de notre mère à son égard, source de tous les malentendus. Françoise, ma complice des jours sombres, ceux d'avant l'aube, Françoise qui ne juge personne parce que trop jugée elle-même, partenaire de mes rêves et de mes délires.

Claire, femme forte, ça oui, mais qui a cultivé sa tendresse d'enfant et la fragilité qui l'accompagne, généreuse, trop, jusqu'à en être maladroite. Une battante qui n'a pas froid aux yeux.

Elles m'ont inspiré, une parcelle de chacune d'elles se cache derrière tel personnage, tel décor, tel élément de structure narrative. Elles habitent mes pensées parmi les muses où trône Jadson, bien entendu.

Je ne veux pas parler de Jadson. Je vous laisse sur votre faim, en admettant que ça vous intéresse. Tiens, le jour où, l'esprit ankylosé, je ne pourrai plus pondre de romans, je me rabattrai là-dessus : noircir des pages et des pages de confidences sur ma famille et sur ceux qui ont marqué ma vie captivante.

Ma famille et moi ne nous sommes, malgré tout, jamais embourgeoisés grâce – je répète : grâce – à ma mère. Elle s'est farouchement opposée à l'achat d'une maison – à Chambly notamment – car, j'en suis convaincu, un tel enrichissement, même théorique, la forçait à rompre avec sa *destinée* : être pauvre, au mieux modeste. Certains lui reprocheront un attachement misérabiliste à sa condition sociale, ce qui serait erroné : elle se tient debout, méprise l'autorité, dont la religieuse par-dessus tout, et ne considère pas comme une émancipation le fait de tremper son sablé à *four o'clock* dans un *vivoir* Roche-Bobois.

Ce trait – cette colonne ! – de caractère a, bien entendu, son avers, sa face à l'ombre. Ma mère nourrit une admiration quasiment sans borne pour les Américains, exemples vivants qu'un enrichissement ne se fait pas au prix d'un travestissement ou d'un effort de l'esprit (pour ma part, j'insinuerais même que la crétinerie folklorique américaine est la source de leur succès économique). Elle confond souvent pédanterie et élocution correcte. J'irais jusqu'à dire que, pour certains membres de ma famille, je squatte le domaine intellectuel, car, vu mes racines modestes, ce monde me serait interdit, j'usurpe une position et, inévitabilité d'une mystérieuse justice, je me prépare un fantastique Waterloo si je m'obstine à me dire artiste. Pour cette classe socioéconomique, <u>ma</u> classe, je le répète, l'art n'est pas pour des gens comme nous. L'art colporte un parfum imperceptible pour les narines populaires, puisqu'il ne leur est pas destiné, et la plèbe ne détecte une émanation artistique qu'à la vue des mouches en fuite. Ne vous méprenez pas sur mon analyse : ce legs a été salutaire pour moi. Car si j'y ai appris que ma qualité d'humain n'est en rien rehaussée par mes prétentions artistiques, c'est en partie cette notion nouvelle qui m'a inculqué le courage d'écrire. Être un artiste, c'est être un possible salaud.

Je ne dois pas ignorer l'apport paternel. Mon père, en quête inconsciente, selon moi, d'émancipation, recherchait la perfection en toute chose. Car le zéro faute représentait la seule façon possible de se démarquer de la masse et d'accéder à la *solidité* sociale. À l'école Samson, si ce n'était pas parfait, ça méritait la poubelle. Et l'art, voyez-vous, est perfection. La musique n'était pas vraiment pour nos oreilles, sauf l'américaine, *of course*, faite pour les esprits condamnés à rester simples. Nous n'avions qu'un disque classique : le *Boléro*, de Ravel. Aujourd'hui encore, je réprime des élans nauséeux dès les premières mesures de ce morceau. De plus, le but de la lecture devait être exclusivement d'ordre fonctionnel : je lisais pour mieux intégrer des informations, des enseignements, des équations. J'ai mis les pieds dans un musée pour la première fois à l'âge de vingt-trois ou vingt-quatre ans. Ma famille objectera qu'elle ne s'est jamais opposée à mon éventuelle accession à l'université, ce qui est vrai. Mais je crois que mon avenir académique était scellé : l'accès au savoir, dans une société comme la nôtre, n'est pas le fruit d'une progression normale, presque mathématique (après le secondaire, le cégep, après le cégep... alouette !) mais la récolte de longues années de proximité des arts, notamment. Ce que j'écris ici est évident au point d'en être stupide mais, bordel, il est bon de se le rappeler : on peut ouvrir les portes de l'université aussi large que possible, le succès et les positions de choix iront toujours aux bourgeois cultivés, puisque, sauf exception, ils ont accès, ils se donnent accès à la culture et aux arts. Ainsi, ne soyons pas dupes. Si nos gouvernements sont si pingres avec la culture, la raison en est simple : un troupeau de béotiens se gouverne plus aisément qu'un groupe d'esprits éclairés.

Mais, me demandez-vous, et l'ailleurs, là-dedans ?

Je crois que mes origines modestes, mon appartenance à la classe ouvrière, au prolétariat, ont favorisé ma quête d'autres horizons. Les exploités ne sont jamais chez eux, le moindre adoucissement de leur condition leur est présenté comme une faveur, une obole. Ils sont d'éternels locataires, à la cuisine comme en société. Ils font partie de cette masse silencieuse au point d'en être muette ; leur opinion n'intéresse personne, sauf les teneurs d'antenne démagogiques qui jouent le rôle de purgatifs sociaux et les sondeurs, ennemis de la véritable démocratie. Ils n'ont droit qu'à une parole : oui. Le doute, la réflexion, l'approfondissement sont pour eux des territoires interdits. Une épée de Damoclès flotte au-dessus de leur tête : emploi, épargne, consommation, rien ne leur est assuré. Doivent-ils recourir à l'aide sociale qu'ils doivent ramper devant l'autorité qui s'assure de leur misère pérenne. En passant, on ne pourra pas reprocher à nos maîtres de manquer d'humour : ainsi le ministère de la Solidarité sociale. J'imagine que le ministre et ses tamponneurs versent une partie de leur salaire à leurs *clients*. À moins qu'il ne s'agisse de mimétisme *francoïde* de la part de l'élite proustienne et groultienne qui sévit à Québec. Oups, je sens que quelques bourses vont m'échapper...

Je n'insulterai ni votre intelligence ni l'homme que je suis en insinuant que le goût de l'ailleurs découle, entre autres, de mon désir d'émancipation de mon milieu. Ça, non. Il résulte plutôt de l'assomption entière, intégrale, de mon état, il naît de ma conviction profonde qu'une origine modeste n'implique pas l'insignifiance et n'impose pas le silence. Chercher ailleurs sans déserter le nid est, pour un véritable romancier, un attentat terroriste contre l'état des choses, la création, bien entendu, d'univers parallèles, utopiques diront certains ; mais aussi, mais surtout, l'exploration de structures et de procédés narratifs alternatifs, qui défient l'ordre et l'organisation qui nous étranglent. Écrire est politique, même les bluettes les plus insipides sont des offensives politiques, car le ramollissement des cerveaux fait l'affaire des quelques nantis qui, eux-mêmes ignorants, se réjouissent de la docilité améliorée des ânes et l'assurance renouvelée de trouver des livres qu'ils comprennent enfin. Les éditions du Boréal ne sont pas près de fermer leurs portes.

Je ne peux résister à la tentation de jeter la lumière sur ce qui m'horripile chez une littérature dite québécoise. On comprendra peut-être pourquoi j'ai jeté mon dévolu sur le Brésil, pays du Tiers-Monde comme nous l'avons été et que nous redeviendrons bientôt si nous ne nous prenons pas en mains. Il y a une façon d'écrire *Québec* qui me pue au nez, parce qu'elle résulte davantage de la paresse que d'une véritable voix nationale, concept stupide s'il en est un. Elle découle de l'interminable adolescence dans laquelle nous nous complaisons, en sécurité, loin des responsabilités d'adultes.

Nos tics littéraires sont, à mon avis, les suivants :

• Le calembour. Des noms de personnages romanesques aux rubriques de *Voir* et aux jeux de mots infra-narratifs, le calembour, manié avec habileté par Réjean Ducharme – quoique, là encore, le charme s'use rapidement –, devient un dépotoir, un palliatif qui ne résout en rien le manque d'inspiration et la paresse intellectuelle. Déguiser en esprit coquin la faillite cérébrale, voilà le rôle du calembour en littérature et en écriture. Avec le jeu de mots vient l'infantilisme, car les adolescents en sont les *kings* : ne s'agit-il pas, d'ailleurs, de masturbation, donc d'une activité stérile ?

De plus, puisque j'ai évoqué Ducharme, il serait peut-être temps que la faune littéraire québécoise se décide à délaisser l'adolescence comme source d'inspiration et trame narrative. L'émulation ducharmienne me porte sur les nerfs et trahit un refus maladif d'assumer sa condition d'adulte.

Trente ans de littérature boutonneuse suf-
fisent. Cette renonciation à la maturité
découle aussi d'une horreur subconsciente
– et collective – de la sexualité, typique des
sociétés sous la férule du puritanisme américain. Quiconque a assisté à la projection
des films de Spielberg, par exemple – cuis-
tot du cinéma ! –, sait y reconnaître cette
abjection implicite de la sexualité. En effet,
chez le moulin à recettes du septième art
américain, l'univers se divise en deux hémi-
sphères : le bon – l'enfant, l'innocent – et
le mauvais – l'adulte. Ce culte de la candeur
puérile teinte ses longs métrages, toujours
trop longs, il me semble. Ainsi, les Américains font figure d'enfants – c'est-à-dire non
contaminés par le savoir – et les Allemands,
posture *turgescente* comprise, d'ogres diabo-
liques. Ce culte de l'enfance dans tous les
films de Spielberg – je l'ai choisi comme
icône américaine moderne – traduit une
part du malaise américain, à commencer par
la célébration de l'ignorance crasse. Une
bonne partie du Québec semble avoir fait
sienne cette adoration du regard pur, de
l'être pré-pubère. Par le fait même cette
flopée de romans voués à la louange de la
virginité intellectuelle, de l'ingénuité.

Cette recherche de l'innocence ne ca-
ractérise pas les sociétés les plus progres-
sistes et opère des ravages en littérature. Des

siècles d'inculcation religieuse abrutissante
ont encouragé les Québécois à s'identifier
à l'agneau, à l'enfant au regard émerveillé
et naïf devant le prodige divin et quotidien.
Que cette posture soit devenue pratiquement automatique – elle contamine d'autres
champs artistiques, à commencer par la
danse et le cinéma – nous vaut donc une
incessante production d'écrits puérils dans
lesquels, trop souvent, la découverte de la
sexualité coïncide avec la désillusion, la
perte de bonheur, l'expulsion du paradis.
C'est ce que j'appelle le fléau ducharmien.
Ce culte de l'impuberté amène aussi une
déresponsabilisation des producteurs de
biens culturels (je n'ose parler d'artistes)
dont la marchandise ne résiste pas longtemps à une vigoureuse analyse politique,
par exemple. L'équation « enfance = innocence » est une stupidité et favorise la
production de biens pseudo-artistiques im-
pardonnables. Sous couvert d'exprimer ce
qui le tenaille dans le plus intime de son *fond*
et de le faire en laissant fuser sa voix d'enfant, celui qui se dit artiste peut avancer des
grossièretés et s'en tirer.

Autre hécatombe : l'écriture télévisuelle.
Si les Québécois arrêtaient de camoufler le
fait qu'ils sont issus, pour la plupart, d'illet-
trés et s'attelaient davantage à combler ce
déficit-là au lieu de l'autre – je parle de la

dette publique – peut-être se rendraient-ils compte qu'une bonne part de la production littéraire nationale ne se compose que de téléromans en prose. La confusion est compréhensible. Pour bon nombre d'entre nous, le premier contact avec la culture avec un grand C s'est fait par la radio puis, de façon massive, par la télévision. Cette dernière a son langage, plutôt minimal, allergique au vide et au superflu. La télé impose un rythme de narration (un punch dramatique à la minute, plus prononcé avant une pause) ; des valeurs (les téléromans sont de véritables proverbes illustrés : qui sème le vent... ; un tiens vaut mieux... ; qui vole un œuf..., etc.) ; le simplisme (le langage visuel est réduit au minimum, les figures de style sont interdites) ; la surenchère d'informations vides (meubler le silence par du babillage convenu) ; le climat réaliste (il faut que les téléspectateurs vissés à leurs fauteuils s'identifient aux personnages pour que la colle prenne) ; les bons sentiments (après tout, il s'agit de faire de la propagande et d'anesthésier les esprits : une femme de ménage peut devenir maire dans une quotidienne *réaliste*). Or, ce n'est pas parce que la télévision canadienne et québécoise est d'une bêtise affligeante – chose normale si on considère qui la dirige – que la littérature doit l'imiter. Il serait donc temps de s'affranchir de cette recherche de reconnaissance dans les romans, comme si ces derniers représentaient différentes versions d'un hymne national. À mon humble avis, qui n'est pas si humble que ça, le malentendu tient à ceci : la littérature est un art et la télé, un organe culturel. Je définis la culture comme l'ensemble de manifestations qui dépeignent de façon positive – donc acceptable – une société. Malheureusement, un partie importante des écrivains, aveuglés par les chiffres de vente, cherchent à pondre des produits culturels avant de créer des œuvres d'art. Les plus crétins confondent les deux, les croient reliés et perméables à l'autre.

Donc, le roman télévisuel peut être démasqué s'il présente les caractéristiques suivantes :

• Une narration obstinément linéaire. En effet, on ne veut pas étourdir l'esprit conditionné au pré-mâché.

• Une importance disproportionnée donnée aux dialogues favorisant la lecture facile tout en offrant l'avantage non négligeable d'épaissir un bouquin sans grand effort. Ou, mieux encore, une narration oralisée, qui minimise l'effort d'appropriation d'une œuvre, métamorphosant le lecteur en éponge puisqu'il doit se résoudre à se plier à un diktat *caractériel* de la narration et doit se laisser mener, inerte, vers la conclusion, généralement sans surprise.

• L'apport moral. Comme je l'ai écrit plus haut, cette écriture doit illustrer une suite de proverbes, de valeurs ancestrales, à commencer par : Qui sème le vent récolte la tempête.

• Le recours systématique aux réflexes affectifs. Un romancier populiste fonce sur la jugulaire. Fi des détails, allons droit aux larmes.

• Autre tic qui m'énerve, le recours systématique au « je ». Clé de voûte de l'idéologie capitaliste qui élève la liberté individuelle au-dessus du bien-être commun, le « je » narratif offre aussi des avantages : il protège au maximum l'écrivant – je n'ose dire l'écrivain – d'une part non négligeable de la critique. L'essence même de l'imprimé est inattaquable car, au Québec, une interprétation de soi ne peut être remise en question ou critiquée, ce qui nous vaut des politiques qui se disent de gauche (*je suis progressiste parce que j'en suis convaincu*) et agissent en Duplessis. Le « je » assure un minimum de complicité entre l'ouvrage et son lecteur peu regardant.

On argumentera que mon dernier roman est écrit entièrement à la première personne. Permettez-moi de répliquer qu'il s'agit plutôt de « nous », puisque s'y dénombre une multiplicité de ces « je » et qu'il s'agit d'une mosaïque de faux témoignages n'invitant personne à une identification immédiate, d'où le surpeuplement chargé de désensibiliser le lecteur.

• Les traits grossiers. Le dualisme caractériel est l'avoine de la rossinante à câble – on comprendra que je parle à nouveau de la télé. Dans le roman usuel, les personnages sont monolithiques, fortement typés. On assiste à une surexpression des personnalités, une exagération de leurs tics et de leurs traits ; bref, leur *évolution* – si on peut parler ainsi – est prévisible, pour ne pas dire inévitable. La fin est, habituellement, celle qu'on attendait.

On comprendra pourquoi j'ai hésité jusqu'à aujourd'hui à écrire *sur le Québec*, traumatisé – retenez vos larmes – par les représentations souvent grossières qu'on en fait encore de nos jours. J'ai été un enfant de l'ère télévisuelle et il ne fait aucun doute à mon esprit qu'au fil des cinquante ans d'existence de ce médium, mon peuple n'a cessé d'y revêtir des accoutrements si folkloriques que j'hésite à me lancer. Piquer mes récits de petites gousses *typiques*, là un juron, plus loin un jupon audacieusement retroussé au-dessus d'une cheville, merci, mais je passe.

Mais, me dira-t-on, qu'aimez-vous donc – vouvoie-t-on encore au Québec ? – qui vienne d'ici ? D'emblée, je ne lis que des auteurs morts, sauf exception. Dit plus justement : je ne lis pas les écrivains à la mode. Poursuivre les chars allégoriques, bien peu pour moi. Composer un roman un œil dans le vague, l'autre fixé sur la circulation ambiante me donnerait une migraine. Un roman n'est pas une œuvre autant que la composante d'un tout, d'*un* œuvre qui s'échafaudera sur, je l'espère, une quarantaine d'années. Se soucier de glisser sur l'air du temps, adopter le parfum du mois ou rechercher les accolades ne peuvent que produire une montagne de navets. En fait, il s'agit d'un quasi interminable testament et je tremble à l'idée de ne léguer qu'un insipide louvoiement guidé par la soif de reconnaissance plutôt que par le souhait de laisser derrière moi une architecture vivante parce que ressuscitée par les lectures. Pour répondre à la question : Anne Hébert – celle des *Enfants du sabbat* –, Mavis Gallant (toujours vivante, mais le Québec l'a enterrée il y a longtemps), Roger Magini (vivant aussi, mais loin d'être *in*). La poésie m'exaspère, surtout l'urbaine. Beausoleil, Charron, Saint-Denys Garneau, trouvent grâce à mes yeux. Ducharme me lasse au bout de vingt pages. Je promets de lire Ferron et Aquin père et Gabrielle Roy.

Et puis, il ne faudrait pas occulter le long apprentissage de la mésestime des Québécois pour eux-mêmes. Je parle du mépris de soi, jadis de nature religieuse – voir le chapitre suivant –, désormais institutionnalisé. Je pourrais commencer avec le système d'éducation, où les pédagogues ont troqué le dédain pour l'indifférence. Sous la férule des soutanes, seuls l'histoire monarchique, la grandeur des souverains, leur injuste martyre, semblaient dignes d'intérêt. En fait, l'histoire, la nôtre comprise, ne devait être lue que sous les feux de la foi. Peuple sans monarque, à part une reine impie, qui s'est obstiné à survivre sur ce qui n'était qu'un gigantesque comptoir de fourrures, peuple défendu mollement puis abandonné sans vergogne par la mère patrie, nous ne valions pas grand-chose aux yeux des descendants de Dieu. Notre histoire ne pouvait qu'être petite, puisque bassement matérielle étant donné la vocation du territoire : un réservoir de richesses. D'ailleurs, je figure parmi les spécimens les plus désolants : ne me demandez pas qui était l'intendant Talon, ce qu'il a fait, ce n'est pas l'école qui m'a mis au parfum. Il y a moins de dix ans, assistant à une Introduction à l'histoire du Québec à l'UQAM, j'ai été sidéré par la profonde ignorance des étudiants, pourtant inscrits au baccalauréat. À mes côtés, une étudiante évoqua la Rébellion de 1937... À l'université, je le répète. Je crois que désormais, les écoles ne se donnent même plus la peine de prendre l'histoire, même générale, au sérieux.

En ce qui concerne la littérature, n'en parlons même pas. La première œuvre québécoise qu'une institution m'a mise sous les yeux était *Dans un gant de fer*, de Claire Martin. Je passais le temps au cégep à l'époque, convaincu d'être la réincarnation d'Émile Nelligan. Le Québec était alors indigne de littérature, domaine exclusivement français, bien entendu. Du moins, la naissance d'une certaine fierté léchait à peine les plages des écoles.

Les médias ne sont pas en reste. Qu'un Parisien, auteur d'une tartine indigeste, nous fasse la faveur d'atterrir à Dorval, les micros de Radio-Canada se tendront pour immortaliser jusqu'aux gaz intestinaux du vénérable invité. Que voulez-vous, ces pédants se frottent aux Français comme des rhinocéros à un tronc d'arbre, histoire de se débarrasser des peaux mortes.

Tout cela pour exprimer ma conviction que l'écriture d'un roman doit être un exercice périlleux. Écrire un roman, c'est être prêt à déplaire, j'irai même jusqu'à dire que c'est le but de l'exercice. Qui calibre son écriture en fonction du marché s'exile du pays littérature. Il salit du papier, parfois fort élégamment – tels les disciples de Baricco et Bobin, reines de la ruche petite-bourgeoise en quête de distinction par le *beau*. L'insignifiance habillée de soie reste de l'insignifiance.

La reconnaissance et la popularité font partie d'un « ici » qu'un artiste se doit de fuir. Au cours de ma courte carrière d'écrivain – qui s'achève peut-être sur cet essai – j'ai tenté, plus ou moins bien, je ne sais, de mettre à l'épreuve le courage et la détermination des lecteurs. Une critique, parue dans Internet et originaire de la bibliothèque de l'Université Laval, me reprochait le recours à des mots sophistiqués et inusités, obligeant le lecteur – ici, une lectrice – à s'armer d'un dictionnaire. Peut-être devrions-nous composer un dictionnaire spécifique pour les Québécois, purgé de mots trop compliqués ? Le premier roman en a ravi quelques-uns grâce à ses passages homo-érotiques ? Le second se ferait plus sage à ce chapitre. Le *peu-blic* – je paraphrase les éditeurs à succès – préfère la narration linéaire ? Qu'à cela ne tienne !

En fait, je m'oppose à l'obsession intime des Québécois : ne pas déplaire, pire, être aimés. C'est ce qui a poussé plusieurs à cocher *non* aux référendums. Ne devons-nous pas être ailleurs, enfin n'importe où sauf là où on nous attend ? Nous devons opposer à la rigidité des attentes un louvoiement moral et intellectuel, sans que ce dernier devienne prévisible par son obstination à déstabiliser. En fait, il s'agit de flirter avec le chaos dans le but d'enrichir son lot et d'y faire pousser ce qui nous convient en se balançant parfaitement de l'opinion d'autrui. C'est ce que j'appelle assumer une posture d'adulte, en littérature comme en géopolitique.

l'ailleurs catholique : l'enfer assuré

Je suis né catholique, baigné dans le dogme. Je ne peux m'empêcher de penser que le roman convient parfaitement aux catholiques : chassés du paradis terrestre, nous sommes les Adam et Ève pénitents, hantés par l'Éden perdu et décidés à le rattraper, voire à le recréer. Bien sûr, c'est croquer la pomme de nouveau, car toute intention d'expiation doit être absente. Le – véritable – roman EST un acte d'insubordination. L'auteur usurpe le trône divin, crée de toutes pièces un univers et ses composantes.

ROMAN : (1140) HIST. LITTÉR. Récit en vers français (en *roman*), puis en prose, contenant des aventures fabuleuses ou merveilleuses, les amours de héros imaginaires ou idéalisés. (*Le Robert*, 1994.)

Il y a toujours un certain danger à évoquer les fantômes des mots. Ils viennent ensuite vous hanter jusqu'à la fin de vos jours. On aura compris que, timoré dans d'autres domaines, j'ai choisi de prendre ce genre de risque. Mais on m'approuvera dans ma profonde conviction que, en tant que francophone, le *roman* m'interpelle davantage qu'un anglophone, par exemple. Le terme *novel* tient sa source du latin *novus*, c'est-à-dire neuf, nouveau. Il y a déjà une profonde distinction, même diluée par les siècles, entre ce qui est imaginé et ce qui est d'abord apprécié pour sa nouveauté ou sa contemporanéité.

La religion catholique nous informe de notre déchéance, de notre condamnation à une éternelle errance, de notre damnation récurrente, aussi, à la fois corrigée et alimentée par les absolutions successives : après tout, peut-on être deux fois damné ?

Tout roman est un échec puisqu'il abrite un monde que l'auteur a dû interrompre, c'est-à-dire détruire. J'analyse ainsi la profonde dépression qui me saisit après avoir asséné les trois lettres F-I-N. Je tue une planète entière. Ultime consolation : son salut passe par l'œil et la raison du lecteur. Finalement, la contribution d'un romancier n'est pas une œuvre. Le romancier crée des lectures.

Voilà peut-être pourquoi, du haut de ma pédanterie diront certains, je lève le nez sur une bonne part de la production romanesque contemporaine. La majorité des romans imposent une lecture, un mode d'emploi tacite. Ils proposent une évasion éphémère, alors que l'art est tout sauf cela. Il s'agit d'une exploration, non pas d'un univers, mais des méandres de la pensée et de l'imaginaire chez le lecteur. C'est une provocation – mon dada. Pour atteindre son but, le romancier peut recourir à tout un spectre de procédés cachés entre les mailles de l'intrigue, de la rythmique, de la suggestion, de l'interpellation, entre autres. À mon avis, cette stratégie, cette équation ou suite d'équations – j'ai tendance à contempler la littérature selon un point de vue scientifique – doit ne viser qu'un but : la conception du bonheur.

Les œuvres les plus noires convoient des débris de bonheurs possibles, puisqu'elles les définissent en les niant. Sinon, la lecture d'un roman nous laisserait tous appauvris. On ne se suicide pas pour avoir lu tout Camus ou tout Kafka. À la sortie de leur univers respectif luit, malicieuse et invincible, impalpable et pourtant sensible, la félicité. Peut-être ces artistes comme tant d'autres servent-ils à multiplier les représentations du retour à Éden – je précise : je parle du lecteur chrétien que je suis –, sans doute nous indiquent-ils une voie, immanquablement un cul-de-sac, une destinée humaine. Cette vision recoupe celle que je me fais du roman : il ne s'agit pas d'une destination, mais d'un itinéraire. Lire – je veux dire l'*action de lire* – n'a pas de but, alors pouquoi ne pas se contenter des audio-livres ou des versions cinématographiques ? Lire permet de réfléchir, de développer, d'aller au-delà de ce qui nous est offert sur papier ou sur écran. Le livre est une invitation à se perdre dans le labyrinthe d'une langue, d'un langage, d'une voix. Lire est courage et outrecuidance, c'est un magnifique crachat à la figure de l'ordre. Lire au Québec d'aujourd'hui, devrait être un moyen de rêver le possible dans un univers rythmé par la scansion assourdissante des hymnes à l'efficacité, au rendement, à la productivité, c'est-à-dire, l'art de fausser dans le chœur du conformisme du jour. C'est aussi, pour ne pas dire surtout, un acte revendicateur, une appropriation dudit bonheur. C'est, par conséquent, la parfaite union entre le concret (un livre) et l'abstrait (la joie), du palpable et de l'inatteignable. D'où l'échec du roman, causé par sa finitude.

Que je le veuille ou non, je suis catholique. Toutes mes valeurs, chacun de mes principes ont subi l'influence du dogme ou en ont bénéficié. Ce n'est pas parce que nous avons chassé les soutanes des écoles pour les remplacer par le jeans que nous avons effacé l'empreinte des ecclésiastiques. Notre complexe messianique – *une oasis de foi dans un désert d'impies* –, par exemple, s'est travesti en soif de reconnaissance internationale et en culte des prodiges. Il semble que nous soyons sans cesse à la recherche d'un génie, précoce si possible : un tel a écrit son roman en trois mois, l'autre avant l'âge de vingt-cinq ans. Le roman devient alors une discipline olympoïde où se démènent nos athlètes surdoués. Les médias en rajoutent, histoire de prouver leur utilité : ils se présentent en prospecteurs au Klondike artistique alors qu'ils ne font qu'organiser à intervalles réguliers un *freak-show* culturel. Qu'on s'intéresse à un exploit autre que purement créateur, en jugeant le processus plutôt que le produit lui-même huile la machine à crétins.

Finalement, notre besoin quasiment pathologique du Père a pris la forme d'un culte du politique paternaliste – de Duplessis à Bouchard, si on se limite aux cinquante dernières années. Cette obsession se traduit par une soumission à l'autorité nationale, ce que j'appelle la littérature Queue-bec, avec son lot de quêtes d'identité, d'infantilisation des personnages et des intrigues, le je inviolable, la recherche d'approbation – la bénédiction paternelle.

Je ne suis pas du genre à condamner l'appartenance au dogme catholique. Il gagne à être comparé à l'asservissement à la consommation ou à Internet. Il m'apparaît seulement dommage que nous n'ayons retenu de la prédication que les enseignements les plus méprisables : méfiance envers la différence, peur de la transgression, louanges de l'arriération par une surestimation de l'innocence et de la naïveté – *laissez venir à moi les petits enfants* –, conformisme, et j'en passe.

Nous avons oublié, je crois, les autres enseignements, directs ou indirects, du dogme, dont on a cherché à nous priver : humanisme, partage, indulgence – je travaille sur ce dernier – prodigalité, amour du prochain – ce qui inclut foi en son intelligence et sa capacité à comprendre et à créer.

Je crois qu'en tant que romancier québécois, je ne pouvais me soustraire à la chape catholique. En la niant, je ne parviendrais qu'à renforcer son influence sans éviter de me priver de ses enseignements et de son héritage. Je peux m'approprier ce legs et le mettre à contribution. Je créerai un regard pour mes compagnons de route, je dessinerai des mondes où ils pourront batifoler à leur guise, je tracerai des labyrinthes d'où ils s'extirperont étourdis et chancelants, pétris de doutes, comme Dieu seul peut les aimer, s'il existe. J'écrirai pour ceux qui ne peuvent écrire ni lire, je donnerai une voix à ceux qui n'existent pas ou qui sont bâillonnés.

lire

Je ne suis pas un groupie. Je veux dire, en fait, ceci : j'ai été marqué par des œuvres, non par leurs auteurs. La première œuvre véritablement littéraire – c'est-à-dire, en ce qui me concerne, dans laquelle l'aventure se trouve autant dans l'intrigue que dans la façon de la relater – que j'ai lue est *Lolita*, de Nabokov. Je n'ai rien lu d'autre du vénérable écrivain. Pourquoi ? Plusieurs raisons se bousculent de lobe en lobe. Il y a ma recherche de l'insatisfaction, mon allergie au confort. Nabokov me sied comme un gant, du moins si je me fie au célèbre roman. Je suis parvenu à m'approprier un regard, à interpréter un cantique – pour rester fidèle au chapitre précédent – à l'unisson d'un parfait étranger. Car il s'agit bien d'un chant, celui de Nabokov, par exemple, ou de Calvino ou des autres que je vais énumérer.

Autant mon premier – et combien tardif – élan amoureux m'a délivré de la mort adolescente – je me demande si l'adolescence n'est rien moins qu'un long choix –, autant Nabokov m'a ouvert les portes de la littérature. Dès les premières syllabes franchies, un univers s'effondrait, celui de la fuite aveugle, pour céder la place à un autre, celui de l'égarement complice. Sans parler de la fausse préface – j'en ai décidé ainsi, je suis lecteur – qui démasque et alimente l'imposture, sans négliger d'égratigner les lecteurs friands de *réalité*. Ce premier paragraphe du document signé Humbert Humbert où tout s'emmêle, où l'accidentel (un prénom) résume, par son appropriation par l'élocuteur, une tragédie, a envoyé au tapis l'ensemble des préconceptions littéraires. On me suggérait que l'histoire était sans intérêt, que primait sa relation, que l'interminable spirale du satellite Humbert vers les enfers recelait tous les trésors, que l'intrigue ne pouvait qu'intéresser les amateurs de revues à cinq sous.

Non seulement n'ai-je pas touché à un autre Nabokov : je n'ai même pas terminé *Lolita*. Je ne voulais tout simplement pas déclencher une apocalypse littéraire en menant l'œuvre à son terme. Bien entendu, j'entretiens par romantisme cette pusillanimité d'amoureux dépucelé, comme j'idéalise le Clermont de mes premières amours, délire facilité par son décès, imminent m'apprenait-on il y a cinq ans. Je l'ai donc assassiné quand bon il m'a semblé, pour mieux le goûter, j'ai usurpé le rôle de la grande faucheuse : en m'appropriant sa fin, je mettais la main sur la suite de son existence. À vous de décider si je parle de Clermont Paradis (quel nom !) ou du roman. Ou des deux.

Pour en revenir à *Lolita*, sachez que j'ai le même exemplaire en ma possession, Livre de Poche 958-959, je l'ai entre les mains et le repose pour écrire cette partie de l'essai, j'ai écarté ses pages au hasard (p. 292-293), j'ai enfoui mon nez à la commissure, j'ai caressé la surface lisse des pages rendues fragiles par l'étreinte du temps, je tente de déchiffrer les taches et les codes que j'y ai jadis semés, dont ce mystérieux « 2332 em 6 » sur une page de garde. Ça y est, affluent ces souvenirs de fin d'adolescence alors que j'inventais un système de classification de mes quelques livres et que je fixais, à l'aide de deux courtes bandes de scotch, une étiquette sur le dos de chacun. C'était un système mystérieux, voire ésotérique, un hybride du système de Dewey et d'opérations algébriques – déjà l'adjonction de la science à la littérature ! –, une logique insondable, intime, inutile en mon absence : une interprétation de ce que j'avais eu sous les yeux et que je traduisais en neuf signes, si je compte les espaces. L'étiquette est disparue, je me souviens de les avoir toutes enlevées avec mille précautions, prenant soin d'effacer les traces de colle avec, il me semble, de l'essence à briquet. Pour en revenir à l'odeur, elle me suggère l'insubordination, puisque j'ai lu par pur plaisir, et, étrangement, une certaine luxure, un troublant coït, surtout avec mon nez plongé entre deux jambes de papier. Bref, j'arrête ici mon oraison sensuelle : d'autres l'ont fait mieux que moi. Il n'en demeure pas moins que j'ignore parfaitement comment se termine le roman. Et pourquoi le relirais-je ? Pour me prouver que j'ai évolué ? Non, merci.

Je ne porte pas un regard très attendri sur la littérature en soi et, de surcroît, je ne nourris aucunement une quelconque affection pour les auteurs. Convenons qu'ils forment une fichue bande de salauds, avec leurs histoires à dormir debout. Et puis, ils n'ont aucune idée de quoi faire avec ce qu'ils ont pondu ; quelques-uns ont peut-être tiré un scénario avec la chose, souvent avec des résultats navrants. Non, une fois l'œuf lâché, il faut chasser la poule et s'approprier son fruit. Sinon, c'est un gâchis. Exilez-le de sa patrie, il ne mérite pas mieux. Laissez-lui du pain, du vin, quelques plaisirs, flattez-le bassement – la flagornerie est son talon d'Achille. En fin de compte, ce n'est pas une poule mais une oie : vous remplacez son œuf par du vent et elle n'y voit que du... feu !

Italo Calvino est un autre parmi ces vauriens d'auteurs qui m'ont bouleversé. D'abord avec *Si par une nuit d'hiver un voyageur*. Le jeu était ailleurs : il semblait être entièrement niché chez le lecteur, personnage central du roman :

« Tu vas commencer le nouveau roman d'Italo Calvino, *Si par une nuit d'hiver un voyageur*. Détends-toi. Concentre-toi. Ecarte de toi toute autre pensée. Laisse le monde qui t'entoure s'estomper dans le vague[1]. »

Ainsi débute le récit. L'interpellation d'un lecteur n'est pas une mince affaire, surtout de la part d'un objet inanimé, porteur de la mort – j'y reviens sans cesse : la fin d'un univers. Il s'agit donc d'une hantise, le spectre s'insinue en nous par les yeux et nous suggère non pas une fantaisie ou une distraction, mais une échappée vers le possible qu'on se tue à qualifier d'utopique.

Je me suis ensuite mis en tête de partir à la recherche de Calvino de la seule façon

---

1. Italo Calvino, *Si par une nuit d'hiver un voyageur*, trad. Danièle Sallenave et François Wahl, Paris, Édition du Seuil, coll. « Points-Romans », 1982.

possible : lire le reste de son œuvre. Voilà où est l'erreur : se faire l'exégète d'un écrivain, c'est tenter de le connaître. S'est immiscé un attachement entre le lecteur et le fabulateur que j'estime non seulement malsain mais, allez, je le lâche, puéril. J'irais même jusqu'à dire que cette propension à vouloir embrasser un auteur constitue une entreprise anti-littéraire. D'où vient l'inspiration d'une telle ? Quels traumatismes ont poussé un autre à faire cela, quels événements historiques – donc collectifs – ont nourri sa prose, et comment ils l'ont fait, la littérature s'en contrefiche. Il y a ce souci – que je considère comme une paresse – de vouloir ramener à une unité – l'individu qui écrit – tout un jaillissement, toute une gerbe de jaillissements, puisque les lecteurs participent au prodige. Un auteur ne commence à mourir vraiment que lorsqu'une meute d'exégètes se mettent à lui ronger les os.

J'ai donc tenté de lire *Le Baron perché*, puis *Les Villes invisibles*. Peine perdue. La colle Calvino ne prend pas à tout coup. Et c'est tant mieux. C'est un indice supplémentaire dans ma conviction qu'un écrivain crée des lectures... et des non-lectures. J'ai mis un terme à ma complicité avec le cher Italien avec *Palomar*, magnifiques adieux entre lui et moi.

Petite parenthèse : j'avais, par affection, refilé mon bouquin à un amant, il y a au moins quinze ans. Il ne me l'a pas encore remis. Chaque fois que je le croise dans la rue, je vois le mot *Palomar* se dessiner sur son front. Je pourrais m'offrir une autre copie, de poche, de la chose. Mais, voilà : ce que je veux retrouver, ce n'est pas l'histoire ni l'intrigue. Ce qui me manque tant, c'est la lecture que j'en ai faite, représentée par cette copie numéro 30 804, ou 12 765, ou que sais-je. Alors, Jean-Yves, de grâce, remets-la-moi !

Le seul ouvrage qui soit parvenu à me faire pleurer est une bluette de Fruttero et Lucentini, *L'Amant sans domicile fixe*. Il s'agit d'une bluette de haut vol, j'en conviens, le célèbre tandem italien sait y faire en création de climats et en esquisse de caractères. En fait, ce qui correspond ici si vivement à mon approche de l'écriture est une vision cinématographique d'une intrigue. Une fois la réflexion – momentanément, je l'espère – épuisée, je m'emploie à recomposer un décor avec ses personnages, je réalise un long métrage et y assiste en même temps. Je perpétue, en fait, une tradition développée par ma mère, fervente cinéphile. Elle passait, adolescente, ses samedis dans les salles de cinéma à cinq sous et, le soir venu, relatait en détail, au profit de ses sœurs, les films qu'elle avait vus. Elle y ajoutait, sans nul doute, un élément, ou un fantasme, prolongeait ici un baiser – celui de la fin, comme elle les aimait tant – ou exagérait la beauté de tel acteur, Tyrone Power, en tête d'affiche, ou Alan Ladd. Elle préférait les Américains, moins bavards que les Français, plus visuels, aussi, plus palpables, plus fidèles aux promesses du cinéma d'en *mettre plein la vue*. À mon avis, les livres qui jouent sur notre corde sensible sollicitent nos souvenirs, vrais ou présumés, c'est-à-dire de peines d'amour et de séparations réelles, ou de passions et de joies inventées. Regrets, nostalgie, joies éphémères, haines inassouvies épicent nos lectures, mais ils les obscurcissent, voire les étranglent s'ils les mènent et les détournent de la juste interprétation, en admettant qu'elle existe.

Ouvrir un livre n'est pas une activité intellectuelle. Décoder des symboles aussi coutumiers que des lettres relève pratiquement de l'instinct ou du réflexe. Il doit y avoir, dans une lecture, davantage que l'absorption d'affects, que la conversion de mots et d'images en soupirs. Une lecture doit tout dévaster sur son passage et forcer le pauvre interprète à reconstruire son univers de certitude. Il peut le redessiner tel quel, lui redonner la même fière allure, élever les mêmes monuments, si la lecture a « pris », si une transformation, une mutation presque imperceptible a eu lieu, imperceptible car elle ne s'est pas opérée sur les façades mais dans les structures. La littérature, l'art, instillent le doute car ils naissent de lui. Montrez-moi un écrivain qui ne doute pas, je vous donne un charlatan. Je parle d'une remise en question incessante de son talent, de la constatation de la totale inutilité de ses gestes d'écriture, mais aussi de son scepticisme face à l'organisation de la société, des valeurs institutionnelles, perplexité de plus en plus difficile à entretenir à mesure que l'écrivain, s'il joue bien ses cartes, se pelotonne dans le giron culturel officiel.

Au moins, cette lecture de Fruttero et Lucentini, et celle de quelques autres ouvrages du duo, moins réussis, m'a-t-elle mis en garde contre les « recettes », chacune correspondant au convive cible. Recourir à une recette, c'est avouer son désir d'être aimé. Je me tiens les côtes chaque fois que j'entends un *Nartiste* – certains ont le don de forcer la liaison, non ? – affirmer qu'il est comédien – ils le sont, hélas ! souvent – parce que « vous savez, ce qui nous mène, c'est un immense besoin d'être aimés ». Balivernes ! Inculte ! Imbécile ! Escroc ! Lecteur au premier degré, et encore ! Petit fonctionnaire de muses séniles. Il y a cette paresse à vouloir turluter la chanson à

répondre du troubadour éconduit et pallier
la paresse et l'absence de dons par un ap-
pel au papier mouchoir. Sans parler d'un
mépris traditionnel pour l'intelligence de
son public. S'ils veulent être aimés et adulés,
qu'ils imitent mère Teresa ou se fassent putes.

Je ne déclinerai pas tous les livres qui
m'ont marqué. D'ailleurs, à quoi bon ? Ce
serait figer dans le temps ce qui change sans
cesse. Mais je ne peux oublier Zola, méchant
et vicieux comme je les aime, et toute une
ribambelle d'autres écrivains, plus ou moins
connus, tels que Sciascia, Gadda, De Amicis,
de Andrade, Grimmelshausen, Goytisolo,
Levi, Pessoa, Yoïne Rosefeld, sans oublier
Guimarães Rosa, García Márquez, Sepúl-
veda, et même Ducharme – qu'on se le
tienne pour dit, ce *même* est parfaitement
assumé. Je dois encore davantage aux mauvais auteurs, car ils sont légion. D'ailleurs,
je fais peut-être – sans doute ? – partie de
leur congrégation. Ils m'ont permis, par leur
profonde maladresse et leur suffisance, de
reconnaître les véritables artistes. Ma reconnaissance la plus entière à Alexandre Jardin,
qui jette une lumière crue sur Gallimard, à
Lise Bissonnette – ce qui n'aidera pas mon
homologation en bibliothèque – et autres
recalés du Seuil, Bobin et Baricco, qu'on devrait publier sur des essuie-tout, à Stephen
King, qui a perfectionné l'équation faisant

de la lecture un formidable gaspillage de temps, et à 95 % de la production française contemporaine sous l'emprise d'une américanisation de la pensée, en admettant que ce ne soit pas une antilogie de dire une telle chose.

Je vais clore ce chapitre, plutôt pompeux j'en conviens, en réitérant mon désintérêt grandissant pour les romans de mes contemporains, qui s'explique en partie par ma peur panique de plagier un auteur ou, pire encore, de me rendre compte, encore une fois, que tout a déjà été écrit, ce qui traduit notre obsession d'Occidentaux capitalistes pour l'innovation, pour l'originalité criardes, au détriment de la facture d'un ouvrage. Je préfère les auteurs bien morts, qui ne viendront pas, de deux ou trois navets successifs, me convaincre d'avoir perdu mon temps, compté comme on sait. Le tapage médiatique autour de la chair de l'auteur – Qui êtes-vous ? Qu'avez-vous fait ? – c'est-à-dire la purgation du moindre contenu littéraire autour d'un livre, même à colorier, m'a guéri de la tentation de fouiller plus loin la petitesse occasionnelle des humains. Je veux être maître de ma lecture, qu'elle se fasse dans le silence, loin des aras d'antenne. Vive les auteurs morts ou méconnus !

Je me découvre davantage attiré par l'essai – Eco, Steiner, attendrissant dans son

élitisme, le poète François Charron, Bour-
dieu, Duerr, Deleuze – et, dernièrement,
mais au compte-gouttes, la poésie, alors que
je me convaincs que la poésie, même si
– comme disait Michael Delisle – elle est
fruit de jeunesse, ne peut être déchiffrée et
ingérée que par l'être mûr.

homme

Je sens que je vais m'attirer des ennemies,
cette fois. D'entrée de jeu, qu'on me per-
mette d'exprimer mon irritation face à ce que
j'appelle les *appellations sous-culturelles* qu'on
inflige à la littérature : homo, black, jeune,
de la relève (la littérature se relève de
quelles ruines au juste ?), féminine, en sont
des exemples. Pour moi, il ne s'agit que
d'une propension à cibler et cerner un marché, une *bestialisation* de la masse lisante par
la catégorisation systématique de l'offre. Ces
épithètes accolées au mot littérature ne ser-
vent qu'à faciliter la tâche des tenants du
marché, sans oublier le rétrécissement des
horizons de pensée et de réflexion, l'anni-
hilation éventuelle de la salutaire remise en
question. Plus de notes discordantes ; un
amateur de romans à l'eau de rose n'aura
pas à effleurer du bout des doigts, ne serait-
ce que pour l'écarter, un roman homophile.

Un assoiffé de distinction poudrée à la française ne risquera pas de trébucher sur un recueil de Nicole Brossard, exilé au rayon de la *littérature féministe*, ou un roman de Darcy Ribeiro, coincé, comme je l'ai déjà vu, entre d'autres épaves sur une poussiéreuse plage mélaminée baptisée *Portugal*. À chaque bête sa céréale, se dit-on. Et après, on viendra nous dire que le marché garantit une multiplication des choix !

Cela étant dit, je crois que le roman est un genre du domaine traditionnellement masculin. Non seulement parce que la composition d'un roman constitue un acte d'autorité dite paternelle, puisque inspirée de Dieu, mais aussi parce qu'un roman est, en quelque sorte, le compte rendu de voyages fantasmatiques. Historiquement, et je ne crois pas me tromper, la quête de l'ailleurs composait, avec la guerre, le rôle masculin. Ainsi le pèlerin qui s'imposait un circuit changeant, s'efforçant de ne pas croiser les mêmes sites sur le chemin du retour. Le roman est une élucubration d'*ailleurs* multiples. Cette disposition de l'homme pour ce genre s'est acquise au fil des siècles et peu me chaut de quelle injustice il s'agit. J'insinue que j'ai choisi le roman par... déformation sexuée. On m'objectera que nombre de romancières enrichissent la production annuelle, ce que je ne nie

pas. Il faudrait décortiquer la composition
du corps de production de romans féminins,
se demander si la présence importante de
Britanniques, par exemple, ne traduit pas
une longue tradition d'Anglaises *pérégrines*
datant du dix-huitième siècle, alors que la
nouvelle et riche bourgeoisie cherchait à se
distinguer de la masse et à explorer les li-
mites du blanc empire.

Il n'en demeure pas moins qu'un certain inconfort indispose des éditeurs qui
n'osent appeler *roman* plusieurs manuscrits :
récit, biofiction, fiction, conte traduisent un
embarras devant un genre plus porté à l'exploration intérieure qu'aux débordements...
péripatéticiens. Pour des raisons strictement
mercantiles, certains apposeront le label
roman à un écrit qui a fort peu à voir avec le
genre. Une étiquette *Roman* vend mieux
qu'une autre, tels *Récit* ou, pire encore, *Auto-
biographie.*

Or, est-ce que je me contredis, ici ? Moi
qui dénonce les catégorisations, me voilà qui
réclame à demi-mot une plus grande netteté
dans les appellations de genres littéraires. Je
ne crois pas. Je ne m'offusque pas de voir
nouvelles, romans et recueils de poésie se
côtoyer joyeusement sur une même tablette,
avec les copains essais et biographies. Du
coup, je me rends compte que tous mes livres
sont classés selon un ordre rigoureusement

alphabétique : François Furet parle d'histoire à ses voisins, Carlos Fuentes et Carlo Emilio Gadda, tandis que Ernst Kanterowicz explore le problème de l'État entre Kadaré et Buster Keaton, autobiographe.

J'ignore de quelle époque date ce classement systématique par genre en librairie ou en bibliothèque, mais je ne serais pas étonné qu'il date de l'apparition de la notion de *marché*. Étant un bouquineur – une des raisons pourquoi je ne vogue pas sur Internet, carte de crédit à portée de main – il m'est (trop souvent) arrivé d'entrer dans une boutique en quête d'un roman et d'en ressortir avec un essai, une édition de poche de Saint-Denys Garneau et un manuel sur le bon usage des prépositions. Voilà aussi pourquoi je privilégie les petits commerces plutôt que les grandes surfaces *surcatégorisantes* où les *risques d'accidents* intellectuels sont limités. La lecture est une aventure périlleuse. J'ai horreur qu'on me chouchoute.

Tout cela pour dire que mon statut de rejeton masculin m'a prédisposé à l'aventure. Il s'agit ici d'un héritage, aussi indigne soit-il, que je tente de mettre à profit. En tant que garçon, on m'a formé pour voir au sort d'une famille éventuelle, à quitter le nid pour explorer le plus d'horizons possible, à faire acte d'autorité, voire d'agressivité si le

besoin se fait sentir. Toutes des *qualités* nécessaires à la construction d'un véritable
roman et, à bien y penser, à toute activité
créatrice. Qui donne la vie donne aussi la
mort. Une femme peut le faire aux neuf
mois, nous a-t-on répété ; les hommes, éter-
nellement envieux, ont cherché à s'arroger
tout le reste.

Je serai honnête : je me balance complètement d'avoir raison à ce sujet. Le droit de
se tromper et d'en profiter est une des rares
prérogatives d'un romancier. D'ailleurs, je
peux me tromper sur toute la ligne : ce que
j'ai écrit dans cet essai – en fait, un pamphlet
– relève peut-être du bobard. Et alors ? Si cet
ensemble d'impulsions supposées ne forme
qu'une énorme contrevérité et me permet
d'écrire des romans, il en restera toujours
des romans. Des mensonges engendrant des
mensonges.

Personnellement, je n'ai aucun *a priori*
face aux auteures. En autant qu'on ne tente
pas de me passer une réflexion intime pour
un roman, tout me sied. Toutefois, me revient en mémoire une rencontre littéraire
organisée par l'UNEQ entre un écrivain très
prisé et son public, en grande partie de
sexe féminin. Ce qui ne devrait surprendre
personne, vu la prédominance des femmes
dans le milieu. L'écrivain en question avait
avancé qu'il ne goûtait pas vraiment les

écrivaines, sauf quelques exceptions – dont Marguerite Yourcenar – parce que, je cite : « ... elles écrivent comme des hommes. » Ce qui est un non-sens, bien entendu. Peut-être serait-il plus juste de parler d'une approche différente de la fiction, affinée au fil des siècles. Heureusement pour lui, et les autres lecteurs allergiques à la littérature dite « féminine », les méga-librairies et les différents groupes de pression veillent, toutes catégories dehors.

la prison homosexuelle

Vous aurez remarqué que je n'ai pas proféré une seule fois le vocable *gay* pour la simple raison qu'il me pue au nez. Associer un état que je considère à l'origine tragique, gravé à même la chair, à une façade guillerette, échafaudée au profit d'une société en partie brutale, frôle le mépris. De surcroît, le terme *gay* en est désormais un de revendication capitaliste : on ne parle jamais, du moins aujourd'hui, d'anarchistes gay, d'humanisme gay, d'égalitarisme gay. Le combat séculaire pour le droit à la dignité s'est métamorphosé, sous la houlette des stentors américanisés, en une malodorante course aux privilèges. Je ne bois pas de cette eau-là. Je m'offre le luxe d'ajouter que, à mon

humble avis, le mot *gay* a sans doute l'heur
de plaire à l'imposante faction puritaine
rose puisqu'il gomme toute référence
sexuelle à un état qui, soyons justes, se dé-
finit selon des performances généralement
horizontales.

Une fois cette dissociation établie, parlons donc de littérature homosexuelle.
Existe-t-elle ? J'offre, en guise de réponse,
une autre question : Y a-t-il une musique
homosexuelle ? Le *Boléro* de Ravel se
déploie-t-il tel l'*irisé* sous le vent chaud d'un
Gay Pride ? Tchaïkovski composait-il à voile
ou à vapeur ? Or, voilà qui est curieux, il me
semble que *musique gay* révèle davantage une
posture culturelle qu'artistique. Eh bien, si
je suis à la littérature ce que les Pet Shop
Boys sont à la musique, que quelqu'un ait
l'obligeance de me le dire. Peut-être devrions-
nous parler plutôt d'écriture gay, avec ce
que cela implique d'inintéressant.

Vous pourriez déduire de mes déclara-
tions que j'expulse l'homosexualité du territoire littéraire. Or, il n'en est rien. Comme
vous l'avez lu plus haut, je considère mon
homosexualité comme la source de mon
choix de carrière, si on peut appeler ainsi
un destin à tirer le diable par la queue. Et
c'est bien là où elle doit rester : un pied en
retrait, guidant d'un simple rappel mon inspiration ou mon regard sur le monde. Elle

constitue la composante primordiale, essentielle, première de ma situation présente. Bref, les rares jours où je me réjouis de mon état d'écrivain, j'en crédite avant toute chose ma prédilection d'ordre sexuel.

Mon allergie à l'appellation *littérature homosexuelle* tient au fait qu'elle est née d'un désir de catégorisation, donc de contrôler. Je ne vois pas comment ce qui était ignoble sous le IIIe Reich peut paraître vertueux aujourd'hui.

De plus, elle a le malheur de gifler la Trinité littéraire : l'émetteur, le lecteur, le message. Qui ou quoi est sexuellement identifié, ici ?

Avant, excusez l'anecdote suivante :

En octobre 1999, une librairie imposante à défaut d'être importante, soutenue financièrement par des institutions culturelles et syndicales, m'invite à une séance de signature dans le village gay. Primo, je ne fricote pas avec les méga-librairies, surtout celles qui font aussi dans la vente de tapis. À la question : Où se trouvent vos 10/18 ?... les commis ont tendance à lorgner les carpettes pour en évaluer les dimensions. Je décide tout de même de vérifier avec quel sérieux ce commerce, soutenu, je le répète, par les institutions, traite la littérature. Eh bien, mon livre, une nouveauté, est introuvable, ainsi que les deux titres précédents : vitrine, présentoir des primeurs, rayons littérature et littérature québécoise : nada. Je répète : on m'a invité à signer. Avant de quitter la baraque, j'avise, dans le coin le plus ingrat du magasin, le rayon « littérature gaie et lesbienne ». Sur la dernière tablette – l'ordre alphabétique est impitoyable – agonisaient deux exemplaires du *Messie de Belém*. C'est tout. Et je me suis demandé, entre deux accès de rage, si la manipulation des créneaux devait être interdite aux marchands de tapis. Car, à mon avis, il en va des appellations comme des gags : s'il doit y en avoir, seuls les « pratiquants » devraient pouvoir s'en servir. Une blague sur un sujet gay n'est vraiment drôle que si un homosexuel la raconte. Quand la catégorisation « littérature gaie et lesbienne » est aux mains d'un individu ou d'une société dont le seul but est de faire du fric, ou d'en brûler, le plus rapidement possible, à quoi peut-elle bien servir ? Je vais vous le dire : à simplifier et à optimiser leurs échanges avec ce troupeau qu'ils appellent « la clientèle ». Littératures féminine, gay, africaine, latino, québécoise, voilà des subterfuges pour s'assurer que « la clientèle » trouve son avoine le plus rapidement possible, en minimisant le nombre et la durée de ses échanges avec les employés. Et puis, il s'agit d'une forme édulcorée de censure, avec l'appât du gain en guise de saccharine.

Aussi, la littérature la plus en vue sera la plus inoffensive : le joli, qui correspond si bien aux goûts de notre pseudo-bourgeoisie, trônera à côté de la pop psychologie et des témoignages vaguement autobiographico-fictionnels dont raffolent les animateurs culturels qui n'auront pas à lire les livres et, surtout, à les analyser : le communiqué et le cahier de presse feront l'affaire, couronnés par le témoignage de l'invité.

Un homme ne risquera pas ainsi de trébucher sur un recueil de Nicole Brossard, sauf s'il s'étourdit à admirer les carpettes pour se retrouver de façon fortuite devant la tablette « Littérature féminine ». Dans cette obsession à catégoriser et résumer en un mot un bouquin – *in a nutshell*, dit-on en anglais –, plus une œuvre sera complexe, plus le commerçant aura tendance à la résumer à sa plus simple expression. Ainsi, Alexandre Jardin et autres confiseurs littéraires se retrouveront au rayon « Littérature » tandis que Juan Goytisolo – en rêvant qu'un employé l'ait lu – risque d'orner une tablette de la section « Gay ». Bref, c'est un moyen pour le patron de dire au badaud qui s'aventure chez lui : cela, ça te va ; ça, c'est trop compliqué pour ta petite tête ; ou, pas touche au matériel subversif.

Pire, dire « littérature gay », c'est ridiculiser le rôle du lecteur et mépriser l'auteur.

Par exemple, j'ai eu le bonheur, récemment, de lire *Aimer, verbe intransitif,* du Brésilien Mario de Andrade. En lisant le passage où la mère, une parvenue, tente désespérément de lisser ses cheveux pour en faire disparaître toute trace d'origine africaine, je me suis esclaffé : au même moment, je transposais l'épisode à Outremont-sur-Seine, où quelques placards recèlent les squelettes d'ancêtres paysans ou analphabètes. J'ai souri tout le long de ma lecture, j'ai ressenti une vive complicité à l'endroit de l'auteur, une étrange familiarité avec l'univers proposé. Alors, dites-moi, de quel droit me refuse-t-on cette intimité sous prétexte qu'il s'agit de littérature brésilienne ou latino ? Je suis désolé, mais ma lecture teinte sa nationalité, étoffe l'identité de l'œuvre. Bien sûr qu'un roman devient plus « gay » sous mes yeux : je le suis ! Devrais-je envoyer un télégramme aux méga-libraires pour leur intimer l'ordre de classer désormais Zola au rayon arc-en-ciel ? Non, bien entendu. À moins que je ne sois pas homosexuel ? Peut-être n'était-ce qu'une phase post-adolescente ? La littérature m'a peut-être « guéri », alléluia !

Et je ne parle même pas de littérature « québécoise ». Définissez-moi ça ! Écrite par des Québécois, sur et pour eux ?

En ce qui me concerne, je n'arrive pas à concilier plaisir de lecture et catégorisation de la littérature. Une personne qui passe la porte d'une librairie et somme le commis de lui indiquer le rayon *Littérature québécoise* pose un acte politique, académique ou touristique. Pour un lecteur hédoniste comme votre humble serviteur, un tel *a priori* trahit un intérêt pour une production ancienne, c'est-à-dire d'une époque révolue, pour ne pas dire fossilisée. Voltaire, Rabelais, Labé peuvent bien orner la tablette *Littérature française*, je n'y trouve rien à redire. Ils définissent l'itinéraire d'une culture, en sont les bornes. L'avènement d'un inédit est improbable de leur côté, des montagnes d'études et d'analyses ont circonscrit leurs écrits sous une multitude de feux, biographiques, historiques, philosophiques, etc. À mon avis, Zola a un pied dans la porte, en fait dans la tombe culturelle, puisqu'une telle dénomination scelle la mort de l'auteur et de sa production artistique sans oublier un renoncement à des interprétations *excentriques*. Définir la production d'un auteur vivant selon son lieu de naissance ou de résidence, c'est le mettre entre les mains d'un taxidermiste intellectuel ou artistique ou suggérer que son écriture ne peut être véritablement comprise et pleinement appréciée que par ses compatriotes. Bref, c'est faire passer le torrent artistique par l'entonnoir culturel, donc travestir l'artiste en producteur de biens platement culturels, lui arracher un serment d'allégeance à la nation qui le paralyse et l'empaille avant qu'il n'ait poussé son dernier souffle ou que l'haleine de son œuvre n'ait connu son ampleur maximale, peu importe sa qualité. Pour en revenir à Zola, par exemple, si je le lis, je n'en ai rien à cuire qu'il soit d'origine française : le plaisir de le retrouver est entièrement mien, son illustration de la société qui l'entourait compte pour quasiment rien dans la masse des joies qu'il me procure. La qualification culturelle d'œuvres est affaire d'institutions, ce que je ne suis pas.

Un véritable écrivain est un éternel apatride. Je n'invente rien. Encore une fois. Je suis un Québécois, un Montréalais écrivain et non le contraire. Mon appartenance à un peuple ou à une société teinte mes actes de lecture, mais elle ne peut, ne doit pas commander mon écriture. Si le fait d'être où je suis et où j'ai grandi influence ma modeste contribution au capital romanesque, il opère cette ascendance malgré moi, mais sans regimbement de ma part. J'assume avec sérénité les cultures qui ont modelé mon appropriation de la langue et le regard que je porte sur les univers qui m'entourent et m'appartiennent sans égard aux frontières, politiques ou autres.

De plus, affirmer, comme l'a fait Victor-Lévy Beaulieu devant un auditoire dont je faisais accidentellement partie, qu'il est illusoire de prétendre parler du Québec en pondant une trilogie brésilienne, c'est sous-entendre qu'un regard porté sur le Québec ne peut qu'être faussé par l'inoculation de germes étrangers. Je ne parle pas de racisme, mais de repliement, d'une illustration de notre complexe messianique, de notre certitude que la contribution culturelle de notre peuple atteint son zénith par le déploiement limité de l'éventail culturel, que la qualité de la production artistique du Québec est proportionnelle à la pureté du propos, que cette pureté suffit à garantir la pertinence d'une œuvre ou, du moins, en est la condition *sine qua non*. Dire d'un écrivain qui s'intéresse le temps de trois romans à une ancienne colonie européenne, pétrie de complexes d'infériorité, indifférente à son histoire et admirative devant la brutalité capitaliste américaine, qu'il ne parle pas du Québec trahit un entêtement et une myopie qui ne peuvent que desservir l'émancipation de sa nation.

(Au Québec, avoir des opinions arrêtées vaut à son émetteur un prix à payer. Si on me lapide, je pourrai au moins me consoler ainsi : on ne pourra pas dire que je ne me collette pas avec des gros morceaux de notre communauté artistique.)

De plus, toute catégorisation emprisonne l'auteur. Ainsi, classer mes livres au rayon rose, c'est déclarer que j'écris des romans gay et uniquement cela. Politiquement, mes écrits sont inintéressants. À la rigueur, mes prétentions artistiques sont du chiqué. Ma pratique littéraire est dépourvue de toute approche scientifique. Quant à un effort philosophique de ma part, faites-moi rire ! Pour résumer, ma contribution à la littérature est négligeable comparée à mon témoignage et ne peut que traduire ou vanter, jusqu'à la fin de mes jours, une activité horizontale qui, dans les bonnes semaines, occupe trois heures de mon temps. Bref, une littérature compartimentée selon les traits de caractère de l'écrivain et les accidents génétiques ou sociaux qui ont influé sur son sort serait une grande maison déserte, entourée d'une multitude de niches. Moi qui croyais la mort de l'auteur constatée et acceptée et m'en réjouissais, voilà qu'on le ressuscite et qu'on le tripote pour savoir par quel bout introduire la sonde. C'est de l'acharnement thérapeutique.

À moins que l'appellation gay ne résulte d'une conjonction des éléments de notre Trinité littéraire : Auteur, thème, lecteur. Si deux de ces éléments s'avèrent gay : hop !

au rayon rose ! Donc, l'œuvre de Proust ou celle de Yourcenar, si je les lis... Mais, j'y pense : me revient à l'esprit un roman de San-Antonio dans lequel évolue une tantouze... Alors ? Non, répliqueront certains, l'auteur brosse ici un portrait ridicule de l'homosexuel : à l'Index irisé ! Les bonnes intentions ! Elles mènent, sinon à l'Enfer, à la censure.

Ce qui me révolte là-dedans, c'est la perception unidimensionnelle de nos trois amis : un écrivain gay n'est que cela ; un roman gay traite d'homosexualité, point final ; qui lit un roman gay l'est aussi.

Plusieurs, les pires, les bien intentionnés, avanceront que le qualificatif *gay* sert à mettre en confiance les producteurs et les consommateurs homosexuels de littérature. Hérésie. Depuis quand la littérature est-elle un havre de paix, un nid douillet, un manège sécuritaire, un lieu de concorde, une éternelle transition sans cahots vers un demain pastel ? Non, une œuvre, un œuvre littéraires doivent être de formidables coups de pied au derrière adressés au confort et au contentement.

Et, de grâce, ne me parlez pas de mes responsabilités face à la jeunesse. Leur rendrait-on service en leur confectionnant sur mesure un corset littéraire, à l'image d'un bar ou d'un Village montréalais ?

Cette situation est si inconfortable que
j'avais suggéré à mon éditeur de signer mon
prochain roman d'un pseudonyme. Pourquoi ? Eh bien parce qu'il n'y a pas un
soupçon de *gaytude* là-dedans ! J'aurais l'impression de flouer la célèbre clientèle ou,
pire, de n'être rien. Il doit y avoir ici un rap-
port avec la tragédie de vivre sous une dictature. Je ne cadre plus dans le paysage où
l'on m'a emprisonné. J'ai défroqué du
parti ? La rééducation m'attend. Pourtant,
croyez-moi, j'ai plus d'une facette. D'ailleurs,
je me considère davantage comme un écrivain de classe ouvrière, comme un romancier urbain, que comme un ambassadeur
littéraire de « la » cause. Je le répète : l'écrivain que je suis, bon ou mauvais, est le résultat d'événements et d'incidents d'ordre
biographique. Ce potentat romancier ne se
contentera jamais de n'être qu'un aspect
d'une personnalité : il vit, il règne, il usurpe
un corps et un nom, thème abordé, soit dit
en passant, dans mon dernier roman. Il ne
peut se résigner à n'être qu'un figurant dans
le film d'une vie.

Voilà aussi un peu pourquoi je me mé-
fie des institutions : elles contribuent, à leur
insu peut-être, à la dictature du marché
invoquée plus haut. Car si le but d'une institution est de comprendre et, éventuelle-
ment, de cerner et de définir, celui des

autorités est d'éliminer les excentricités pour mieux asseoir son pouvoir. Quand la première est entre les mains des secondes, faire gaffe s'impose. En fait, il faut savoir accepter les cajoleries en ayant quelques bras d'honneur en réserve.

Il faut résister. C'est peut-être le véritable propos de ce livre. Un homosexuel doit être un résistant. Il faut surtout résister à ses propres pulsions, par où on empoigne l'écrivain, dont, parmi les plus méprisables, la cupidité, la vanité, la facilité, la recherche d'approbation qui se traduisent souvent en bonnes intentions, donc en insignifiance et en écriture convenue. Il faut être lucide, clairvoyant, un brin cynique pour retourner à l'envers les camisoles de force que les instances d'uniformisation et de contrôle vous tendent. Un soupçon de paranoïa et une goutte d'humour ne font pas de tort non plus. Cette batterie de qualités, ou d'attributs, de dons est acquise au fil des ans et voilà comment l'homosexualité vous prédispose à l'obtenir : on aura beau vous ouvrir les bras, vous embrasser, vous accueillir avec le sourire, vous encaisserez toujours ces gentillesses avec détachement, dans mon cas avec agacement, en prenant soin de vous tenir près de la sortie. Et en ramenant avec vous vos livres qu'on aura remisés avec les autres indésirables. Si on se dit artiste, il faut résister à la conformité, à l'uniformisation, à la catégorisation, donc à la prévisibilité, raison pour laquelle j'ai limité mon incursion brésilienne à trois romans.

Alors, ne me demandez pas de développer davantage sur mon attachement au Brésil. Il est du domaine de l'égoïsme pur, de l'appropriation éhontée d'un pays pour le couler dans le moule romanesque. Demain – enfin : dès que j'aurai mis la main finale à cet essai – je m'attaquerai à mon roman *montréalais.*

J'espère que nul ne s'y reconnaîtra. Que tous ceux qui le liront s'y perdront.

Finalement, voici pourquoi j'ai hésité à écrire cet essai – ou ce réquisitoire –, pourquoi je rechigne, au moment même où j'écris ces lignes, à signer le contrat qui me lie avec Leméac : il n'y a pas d'alibi possible. Être un salaud – lire : un romancier – implique aussi faire preuve de couardise. La moindre excuse est bonne pour faire pardonner un roman, à commencer par l'aveu de se livrer corps et âme, sans fard, à son prochain. Poltronnerie ! Il y a toujours une possibilité de déresponsabilisation une fois le crime commis. On peut accuser le lecteur d'y avoir lu sa propre malfaisance. Et tout va pour le mieux si on sait le moindrement tourner une phrase ou trafiquer un ou deux calembours.

Or, voilà qu'Aline Apostolska tend à Mister Hyde un porte-voix et un verre de vin qui, comme on le sait, donne du courage. Je le lui pardonnerai un jour car elle m'a permis d'assumer en adulte mon obstination à tripoter la littérature. Sans doute regretterai-je de l'avoir écrit. On me tombera dessus à bras raccourcis – un traître ! –, on me ridiculisera – un inculte ! – ou on ignorera complètement la chose, sort habituel des essais qui négligent les canons de la bienséance et de la rigueur académique. Le regard qu'on portera sur mes romans à venir, en admettant qu'il y en ait d'autres, sera plus sévère, moins indulgent.

Mais je m'en balance, j'ai mon mantra : Je n'écris pas pour plaire, je suis un romancier.

DU MÊME AUTEUR

Le Messie de Belém, Les Herbes rouges, 1996
Un Garçon de compagnie, Les Herbes rouges, 1997
Il était une fois une ville, Les Herbes rouges, 1999